よりよく老いる技術

―体験者から学ぶ　老年学長寿法―

山本　思外里

目次

「発刊によせて」

人間総合科学大学保健医療学部学部長・日本応用老年学会理事長　柴田　博

私は、この著書の紹介文を書く機会を与えられたことを大変光栄に感じております。同時に、このような包括的な老年学の著書を書くことに挑戦しなかった自分に多少後ろめたさを感じてもいます。

老年学は英語のジェロントロジーの日本語訳です。実は、このジェロントロジーという英語は、一九〇三年、パスツールの後継者であったメチニコフによりつくられた言葉です。「老人の」という意味のギリシャ語からつくられた英語で、まだ一〇〇年の歴史しか持っていません。

このジェロントロジーは、ルネサンス以後タテ割的かつ要素還元的に発展してきた諸学問を再統合する役割を担って登場してきたと、著者は感じています。ジェロントロジーは学際的な学問といわれますが、この学際的という意味の英語インターディシプリナリーは学問の間の壁をとり払うことも含意しています。

学際的な学問である老年学は、基礎研究から応用、実用にまでわたる膨大な学識や知見を蓄積しつつあります。従ってその全体を俯瞰(ふかん)することが大変難しくなってきております。本書のような包括的な著書は、老年学の初期にはありましたが最近では少なくなっています。あったとしても、それは分担執筆によるエンサイクロペディアの形のものがほとんどです。

本書の著者山本思外里氏は、調査をしたり実験をしたりの、老年学の実証研究者ではありません。読売新聞社の社会部長などを経た後、一九八〇年から同社のカルチャー事業を立ち上げ、読売・日本テレビ文化センター社長などを歴任しています。生粋のジャーナリストということになります。

このような著者の経歴も、中途半端な実証研究者にありがちな我田引水に陥ることなく、老年学のあらゆる領域に対して等距離の立ち位置を保つことの一助になったと思われます。巻末の膨大な参考文献のリストも読者にとって貴重な資料となることでしょう。これらの文献がすべて、著者自身の文脈の中に溶け込んでいるのは見事というほかありません。

私自身の個人的な感想としては、がん予防に対する思い入れが深く、喫煙やアルコールに対してやや厳し過ぎるようです。加齢とともにがんの致命率は低くなり、中年期ほど嗜好品の影響は弱まるからです。しかし、これは、著者自身ががんに罹患したことに対する反省から生まれた思いであり、無理からぬこととも思われます。

もちろん、読者、特に老年学における特定の領域にたずさわっている方々にとって異論のある箇所も少なくないかもしれません。ともあれ、是非にかかわらず、加齢や高齢者に関しての大きな興味を喚起するインパクトを本書が与えうることは疑いありません。

柴田　博（しばた　ひろし）

東京都老人総合研究所副所長（現名誉所員）を経て、2002年より桜美林大学大学院教授、加齢・発達研究所所長（現名誉教授・招聘教授）。2011年より現職。編著書に『高齢社会の「生・活（いき・いき）」事典』社会保険出版社、『老年学要論』建帛社など多数。

はじめに

アメリカのハーバード大学で、六〇年以上にわたって継続されている「成人発達の研究」の責任者ジョージ・Ｅ・ヴァイラント教授は、その研究報告書の冒頭、「現代医学がもたらした長寿は災いとなるのか、それとも幸せにつながるのか。晩年をうまく過ごすにはどうすればいいのだろうか。いま、こうした問いへの回答が求められている」と前置きし、次のように問題提起しています。

「一八七四年、スイスの思想家アンリ・アミュエルは『いかに老いるかを知ることは知恵の極みであり、偉大な人生における最も難しい一章である』と述べた。その後一〇〇年以上たったいま、八〇代まで生きる人々が増えるにつれ、アミュエルの提起した課題は従来にも増して差し迫ったものになっている。私たちは、だれから老いの知識を教わるのかを決めなければならないのである」（訳書名『五〇歳までに「生き生きした老い」を準備する』米田隆訳・ファーストプレス）

確かに、人類がこれまで味わったことのない長寿を手に入れた現代人にとって、長い余生をどう過ごすかは一生の大問題。ボケたり、寝たきりになったりせず、幸せな晩年を迎えるためには、いかに老いるかを知ることがますます必要になり、だからこそ「だれから老いの知識を教わるのか」が、今差し迫った問題になっているのです。

日本の場合は、とりわけ深刻です。平均寿命が男性七九・六四歳、女性八六・三九歳（二〇一〇年現在）となり、世界一の長寿国を誇っているのに、学校でも、家庭でも、会社でも、病院でも、いかに老いるか、老化についての正しい知識を教えてくれることは皆無です。高齢者問題は、もっぱら医療と医療費問題、年金問題、介護問題に集中してしまい、「老いの知識を教えること」まで手が回らないというのが実情なのでしょう（老人研究の総合科学として欧米でさかんな老年学が、日本では全く普及していないことも、状況をさらに悪くしています）。

これからの高齢化の進行を考えると、このままでいいわけはありません。病弱で、介護だけに頼る高齢者の率が増えれば増えるほど、少子高齢化社会の未来は凶。逆に、自立して生活し、元気に活躍できる高齢者が今以上に増えてくれれば、実りある少子高齢化社会の実現が可能になります。そして、そのためには、「だれから老いの知識を教わるのか」をはっきりさせ、一人でも多くの高齢者に、いかに老いるかの知識を与えることが求められているのです。

ヴァイラント教授の「成人発達の研究」は、「一九二〇年前後生まれのハーバード大卒業生」と「一九三〇年ごろ生まれのスラム地区に住むブルーカラー労働者」、それに「一九一〇年ごろに生まれた知能の高い中流階級の女性」を加えた三つの同世代集団を対象に、六〇年から八〇年にわたって継続的に追跡調査した画期的なものです。この調査で、「五〇代以降、禁煙、非アルコール依存、健康的体重、適度な運動、安定した結婚生活といった良好な生活環境を築きあげた人たちだけが、八〇代まで健康に生き延びた」ことが明らかになり、幸せで健康な老いは、遺伝子や家柄ではなく、個人のライフスタイルの選択によってもたらされることが、いよいよはっきりしました。そして、「八〇歳を超え、生き生き健康に暮らしている人は、幸せな生き方のモデルになる」として、老いの知識を教える〝存在〟に具体的に言及したことが注目されます。

同教授によると、老年期は「地雷原」のようなもので、人々はゆっくりそれを渡ってゆくのですが、六〇代、七〇代の人はまだ「地雷原」の真っただ中。八〇歳を超えてまだ健康で元気であれば、初めて「地雷原」を突破した人と認定されるのです。五〇代から十分な知識を身に付け、正しい生活習慣を守っていた人は、スイスイと「地雷原」を渡るのに成功しましたが、その反対に、「老い」についての知識を欠き、ろくな準備もせずに「地雷原」に入った人は、途中で死んだり、病気で寝たきりになったりし、その多くは八〇歳に到達することができませんでした。だから、これから「健康な老い」を目指す人は、八〇代の人をお手本にし、彼らが渡ることに成功した「地雷原」の足跡をさぐり、向こう側に出るまでその跡をたどって行くのが、最も賢明な方法ということになります。

同教授が「成人発達の研究」から得られた「いかに老いるかを知るために、八〇代の人から学べ」という教訓は、日野原重明が述べた「六〇歳からの人生に不安を感じたら、生きた教科書として、年の取り方のモデルを探せ」という提言（『人生百年　私の工夫』幻冬舎）を思い出させます。人生で目指すゴールは、いくら書物を読んでも、本の中で見つけるのは難しいから、実在の人物、しかも英雄・豪傑ではない最も身近な人物の中からモデルを探し、徹底的にそれから学ぶのが一番の早道なのです。現実の問題として、八〇歳過ぎまで健康で生き生きと暮らした人は、歴史上でも珍しくなく、身の周りでもどんどん増えていますから、自分の身の丈に合った〝お手本〟を探すのに不自由はしないでしょう。

私は今八二歳。一七年前の六五歳のときから「老い」と「死」の勉強を始め、本格的に「老年学」の研究に取り組んでから一二年になります。「八〇代の人間は、いかに老いるかを示すモデルになる」というヴァイラント教授の指摘に触発され、「どうすれば地雷原を突破できるか」をテーマに、これまでの学習体験をまとめてみることにしました。私は七九歳のときにも、老年学解説書『老年学に学ぶ　サクセスフル・エイジングの秘密』（角川学芸出版）を出していますが、今回は、八〇歳を超えたことによって獲得した貴重な経験を生かし、もっと実践的な議論をしたいと思います。本の題名を「よりよく老いる技術」としたのは、そうした技術を身に付けてこそ「地雷原」を無事乗り越え、幸福な健康長寿に到達できると考えたからです。

巷には、長寿国日本を象徴するように、さまざまな健康法や長寿法を説いた本があふれていますが、私たちが本当に知りたいのは、毛穴をほじくるような専門・個別的な医学知識ではなく、鬼の首をとったように不老を叫ぶアンチ・エイジングの最新科学でもありません。私の場合、学問的に最も頼りになり、実践面で最も役に立ったのは、人間の「老化」を生物学、医学、心理学、社会学の四分野から総合的に研究を重ねてきた「老年学」（ジェロントロジー）と、老年学から導かれた「実践の知」でした。

この本も、ジョージ・E・ヴァイラント教授の著書をはじめ、多くのアメリカの老年学者の本を参考にし、引用させていただきました。日進月歩の観があるアメリカの脳に関する研究書も大変参考になりました。日本では、人間総合科学大学保健医療学部学部長・日本応用老年学会理事長の柴田博先生からたくさんの資料をいただき、教えていただきました。ここに厚く御礼申し上げます。

序章　なぜ老年学が必要なのか

「長生き」を恐れる人々

日本は、世界もうらやむ長寿国です。とりわけ日本の女性は、二〇一〇年度の平均寿命が八六・三九歳で、二位の香港（八六・一歳）、三位のフランス（八四・五歳）を大きく引き離し、二六年連続して世界一長寿の地位を独占しています。イギリスの老年学者トム・カークウッドが「長生きしたい人は、日本人、それも女性に生まれるといい」と書いたのも、極めて当然といえるでしょう。

ところが、その長寿国日本で、長寿にあこがれるならともかく、長寿を嫌って「自分は、長生きしたくない」と言う人が、最近、目立って多くなりました。愛知県にある国立長寿医療センターが二〇〇四年に実施したアンケート調査が、その一例です。二〇～七〇代の男女二二二四人に「長生きしたいですか」という質問を出したところ、「あまり思わない」と「全く思わない」を合わせて「ノー」と答えた人が、全体の四一％に達したそうです。その理由として、「ノー」と答えた人の八三％が「長寿者になることに不安がある」と回答しており、「何が不安なのか」という問いに対しては、「自分が寝たきりや認知症になって、介護が必要になること」と「病気になること」をあげた人が大多数でした。

もっと怖い数字もあります。二〇〇八年の六月、内閣府が二〇歳以上の男女一万人を対象に行った「国民生活に関する世論調査」によると、日常生活で悩みや不安を感じている人が七〇・八％と七割を超え、その中でもとりわけ「老後の生活設計の不安」を訴える人が五七・七％と最も多かったのです。二番目の不安は「自分の健康」で、四九％でした。「老後の不安」が増えたのは、「年金不信」に加えて「介護不安」が大きくのしかかったせいと思われますが、「老後の不安」がこのままの調子で増え続ければ、「自分は長生きしたくない」と思う人は、さらにその数を増すことになるでしょう。

「死よりも老いの怖い時代になった」と指摘している人もいます。古くから女性の老後問題にたずさわってきた評論家樋口恵子は、週刊朝日編『ひと、死に出あう』（朝日選書）の中で「人々は、死そのものよりも、死に至る老いの過程で寝たきりや痴呆になることを恐れるようになった。そうなったとき、誰がどこでどう看取ってくれるのか、〈介護〉は今や国民的関心事である。私自身の一代のうちで、早死にを恐れた時代から、長生きのもたらす副作用におびえる時代に急変した」と書いています。

長生きは人類の多年の夢であり、日本はその先頭を切って、世界で初めて「五人に一人が六五歳以上」という「超高齢社会」を実現しました。そして、現在のところ、男女合わせた平均寿命は八三歳、介護を必要とせず自立した生活ができる期間を示す「健康寿命」も男性七三歳、女性七八歳、平均七六歳で、いずれも世界一です。これらの数字は、日本人が単に長生きなのではなく、健康で長寿なことを物語るものですが、今、世間から聞こえてくるのは、「老後不安」と「介護不安」の声ばかり。もはや早死にしなくなった日本人の「過剰反応」と言ってしまえばそれまでですが、それほどまでに「長生きのもたらす副作用」を恐れるのは、日本人が老後の健康に大きな不安を抱えているからではないでしょうか。その不安がどこから来たのか。日本人が老後の健康維持に自信を失ったのはなぜなのか。次にその点を考えてみたいと思います。

まだ生きている「老いの神話」

日本人の「老後不安」の根底にあるのは、「年をとれば、誰でも病み衰えて、役立たずになる」という「老いの神話」です。「老いの神話」は、「老化」を「プログラムされた心身の衰退」と捉える一種の宿命論で、二〇世紀の末、老化を学際的に研究した「老年学」（ジェロントロジー）によって全否定されるまで、世界の医学界で支配的な考え方でした。日本では、あとで述べるように、「老年学」が普及せず、一般の人は「老年学」の知識を学ぶ機会もありませんでしたので、いまだに「老化宿命論」が横行し、「老いの神話」を信じ込んでいる人が多いのです。

「老いの神話」を分析すると、次の六項目から成り立っていることが分かります。

① 年をとると虚弱な病人になる。
② 年をとると脳の機能は衰え、知的能力の低下とボケは避けられない。
③ 老化の道筋は、すべて遺伝子にプログラムされている。
④ 老化は年齢で決まり、高齢者はみな同じようなものである。
⑤ 高齢者は非生産的で、社会のお荷物となる。
⑥ 高齢者は恋愛や性に無縁。

すべての高齢者に対し、老いぼれ、痴呆、虚弱、障害者、無力、性的不能、受け身、孤独、惨め、学習不能といった烙印を押してしまうのは、これらの六項目をすべて真実だと思い込んでいるからです。特に、①から③の項目が重要で、老化によって心身ともに衰え、いずれは虚弱な病人になってしまうこと、しかも、この老化の道筋は前もってプログラムされたものだから、防ぎようがなく、科学の力ではどうしようもないと教えているのです。

「老いの神話」がもたらした〝罪悪〟は、少なくとも二つあげられます。第一点は、老化研究がまだ未発達な段階で、不十分で不正確な資料を使って「老人を廃退」と決めつけ、高齢者の経験や能力を「資源」として活用する道を閉ざしてしまったこと。第二点は、このことが世間に根強かった「若さへの賛美と老いに対する嫌悪」に油を注ぎ、年とった人間を「ボケた役立たず」として扱うエイジズム（年齢差別）を世界中に根付かせてしまったことです。

日本の大学の中で唯一「老年学」の大学院講座を開いた桜美林大学大学院老年学研究科教授（現在は人間総合科学大学保健医療学部学部長）柴田博は、その著書『8割以上の老人は自立している！』（ビジネス社）の中で、「日本人のエイジズムはアメリカよりひどい」と、次のような例をあげています。それは、一九九〇年代の初め、東京近郊の三〇〜五九歳の住民九六〇人を対象に、高齢者への偏見がどの程度あるかを調査したときのことです。エイジズムの研究で有名なアメリカのデューク大学名誉教授アードマン・E・パルモアが作成した「エイジズム判定クイズ」を使い、そのクイズに解答してもらったのですが、「大多数の高齢者（六五歳以上）には、記憶喪失、見当識障害、痴呆症などの老化現象がみられる」という項目に、なんと六二・三％の人が「イエス」と答えたのだそうです。また、「高齢者の大多数は変化に適応できない」という項目に「イエス」と書いた人は八五・四％で、正解者は二〇％にも達しませんでした。

高齢者を「ポンコツ同然」とみる、こうした日本人のエイジズムは、やがて「高齢者＝要介護者」という思い込みに発展し、さらに「老後不安」という「老化恐怖症」に日本人を駆り立ててゆくのです。

エイジズムと日本人の老人観

エイジズムという言葉は、「高齢者に対する差別と偏見」を意味し、一九六九年にアメリカ国立老化研究所の初代所長ロバート・バトラーが使ったのが最初だそうですが、日本におけるエイジズムは、日本人の老人観の変遷と深く結びついているようです。戦後から現在までを三つの時期に分け、日本人の老人観とエイジズムの流れを見てみましょう。

(一)「第三人称の老い」の時代 ― 戦後の二五年間、一九六〇年代が終わるまでの日本社会は、アメリカの若者至上主義文化の影響が支配的で、戦前の「年長者が尊敬される時代」から「若さに極端な価値を置く時代」に一八〇度の転換を遂げました。年をとった〝大物〟たちは、〝戦犯〟として排除され、「老人」は文字通り〝老醜〟としてさげすまれ、嫌悪の対象とされたのです。しかも、一九六〇年代は日本経済の高度成長期でしたから、とりわけ生産面での効率が重視され、定年後の退職者たちは、社会的にはもはや無用の〝役立たずの存在〟でした。

この時期、日本の高齢化率は欧米先進国より低く、一九五五年の時点で五・三%。「老い」は、まだ「よその人たち(第三人称)の問題」、つまり、大部分の国民にとって、自分たちとは直接関係のない「他人事」で済んでいたのです。

(二)「第二人称の老い」の時代 ― 一九七〇(昭和四五)年に、日本の老齢人口は七%を超し、「高齢化社会」に仲間入りしました。経済成長のほうも、一九七三年のオイル・ショックでストップし、それ以降、低成長経済が続くことになります。「老人問題」がクローズアップされてきたのは、その頃からでした。きっかけは、一九七二(昭和四七)年に空前のベストセラーになった有吉佐和子の小説『恍惚の人』でした。痴呆老人となった主人公・茂造の悲惨な病状と家族による介護の限界が大きくクローズアップされ、こうした要介護老人をどう扱うかという切実な問題が一挙に表面化したのです。平均寿命が延びたおかげで、誰もが高齢化した身内を抱えるようになり、「老い」は、もはや「他人事」ではなくなっていました。

日本の高齢化のスピードは異常に早く、一九八五(昭和六〇)年には高齢化率一〇%、それから九年後の一九九四(平成六)年には、「高齢社会」の水準となる一四%を超えてしまいます。政府の対策は、とてもこのスピードに追いつけなかったから、人々の高齢者救済、なかんずく「機関と組織による介護」を求める声は、ますます大きくなりました。

この時期、つまり「第二人称の老い」の時代の特徴は、高齢者=「要介護者」という思い込みが強まったことでしょう。そして、「人間は長生きするほど障害で寝込む期間が長くなり、社会に障害者が蓄積する」という通念が定着してしまいます。こうした思い込みは、介護の現実の「むごさ」と「悲惨さ」が強調されるたびに、増幅されたきらいがあり、老化恐怖症は、「老後不安」という形をとって、若い人たちにも広がっていきました。

(三)「第一人称の老い」の時代

――二〇〇五(平成一七)年に日本の高齢化率はついに二〇%を超え、世界初の「超高齢社会」に入り込みました。死亡者数が出生者数を上回って、人口が初めて減少に転じたのもこの年です。人口の約五・三%を占める大集団「団塊の世代」も、二〇〇七年には六〇歳、二〇一二年には六五歳の退職年齢に入り、戦後生まれが続々と「老人」に仲間入りしてきます。「老い」はすでに「親たちだけの問題」ではなくなり、「自分たち(第一人称)の問題」になってきたのです。

これから「老い」に立ち向かう人たちにとって最大の不幸は、「老いの神話」に代わる〝老いの指針〟がいまだに存在しないことでしょう。また、〝二〇世紀の亡霊〟とも言うべきエイジズムがまだ根強く残っていることも、前途の見通しを暗くしています。

「第三人称の老い」の時代に生まれた「老人」を忌み嫌い蔑視するエイジズムは、ある程度克服できるでしょうが、「第二人称の老い」の時代に力を得た「高齢者＝要介護者」というエイジズムは、「高齢者は最も能力が劣り、最も健康に恵まれず、最も敏捷さを欠く」という否定的なイメージを人々に植え付けてしまいました。国の高齢者福祉対策にも、「かわいそうな年寄りを助けてあげる」という差別的発想が見え隠れしており、それが高齢者の自信と誇りを失わせ、彼らをますます依存的にしてしまうのです。

「老年学」の登場

デイビッド・ブラース「米国における老年」（『老いの発見①』岩波書店）によると、アメリカでも、一八六〇年頃から一九六〇年に至る一〇〇年の間、「老齢はひたすらさげすみの対象」となっていたそうです。この時代は、進歩こそすべてと信じられていた時代で、「老人は廃退である」という理由でさげすまれ、老年は「人間の不幸な状態」と定義されていました。ところが、一九七〇年代に入ると、人々の抱く老人像が、徐々に肯定的なものに変わってゆきます。その背景には、人口の高齢化があり、レイシズム（人種差別）、セクシズム（性差別）への関心が高まる中で、もう一つの差別主義・エイジズム（年齢差別）に対する意識が高まったことが考えられますが、最も影響が大きかったのは、人間の老化を研究する最新科学「老年学」の急速な発展でした。エイジズムを支えていた「老いの神話」が、新しい老化研究によって、次々と崩されていったからです。

「老年学」のことを、ここで簡単に解説しておきましょう。「老年学」は、ジェロントロジーを訳した言葉で、ジェロンは老人を意味するギリシャ語です。つまり、「老人を研究する学問」ということで、一九〇三年、エリー・メチニコフ（フランスに帰化したロシアの生物学者。パスツール研究所長を務め、ノーベル賞を受賞）によって導入されました。彼は、腸内の悪玉菌がつくる毒素によって老化や動脈硬化が起こると考え、「乳酸菌による不老長寿説」をとなえましたが、これをきっかけに、さまざまな老化原因説が飛び交うことになります。しかし、二〇世紀前半は、フランスのノーベル賞学者、アレクシス・カレルの「細胞不死」説が学界を支配し、老化研究は停滞したままでした。「老年学」が進展を見せたのは、一九六一年、フィラデルフィアのウィスター研究所で働いていた理学博士レオナード・ヘイフリックが、ヒトの胎児細胞を培養するうち、「約五〇回の分裂を繰り返すと寿命が尽き、細胞は死んでしまう」という事実を発見してからです。これで、カレルの「細胞不死」説は覆され、老化は細胞レベルで起こることが分かったため、一九七〇年代からは、細胞の分子構造から遺伝情報、生命現象を解明しようとする分子生物学が老化研究に参入しました。八〇年代にはさらに、心理学、神経科学、社会学などが加わって学際性を強め、「老年学」は最新の「人間総合科学」として脚光を浴びるようになったのです。

こうした新しい「老年学」をリードしたのがアメリカでした。一九四五年にアメリカ老年学会がいち早く結成されて、生物学者、医学者、心理学者、社会学者が加わった学際的研究がスタート。一九七四年には、メリーランド州ベセスダに国立老化研究所が設立されて、老化研究が国をあげての重要課題となり、多くの有能な科学者たちが研究資金を利用できるようになりました。また、ニューヨークにあるアメリカ老化研究財団が、毎年、一〇〇万ドル以上を老化研究のために拠出しているように、多くの財団が老化研究に多額の研究費を調達したため、「神話の破壊者」と呼ばれた、さまざまな画期的縦断研究を生み出すことができました。

新しい「老年学」の功績は、第一に「老化」と「病気」をはっきり区別し、「老化」＝「衰退」という従来の老化学説を打ち砕いたこと。第二に「老化」は遺伝因子のほかに環境因子、生活習慣因子も加わった複雑な相互作用によるもので、「プログラムされた一方的破壊」ではないことを明らかにしたこと。第三に、成人の脳でも新たな細胞が生成されることを発見、脳は「いつでも若返る」ことを立証したこと。第四に、人間が「強くそれを望み、計画し、努力するならば、質の高い生き生きとした、病気と無縁の老後を送れる」こと（ジョン・W・ローウェ、ロバート・カーン『年齢の嘘』日経BP社）を実例をもって示し、サクセスフル・エイジング（成功加齢）への道を教えてくれたことです。

この中でも、第三の「脳細胞の新しい生成」は、一九九八年の発見ですから、最も新しい知見で、これまで長い間信じられていた「脳は新たな細胞を生成せず、死滅する一方だ」という思い込みを、アッという間に覆してしまいました。

アメリカでは、「老年学」の研究が進んでいるだけではなく、それを普及するための教育システムも整ってきました。『日本に於けるジェロントロジーの確立に関する研究報告書』（国際長寿センター）によると、アメリカにある三一〇〇の大学・短大のうち、ほぼ半数にあたる一六〇〇校で、「老年学」の講座が設けられており、「老年学」の専門学部を持つ大学が三一、修士課程を持つ大学が三七、博士課程のある大学が六つもあります。老年学教育を推進するために、高等教育機関では「高等教育老年学協会」、幼稚園を含む初等教育機関には「全国高齢化教育学習学会」という全国組織がつくられており、老年学学習のプログラムは、幼稚園から大学までの〝必須科目〟になりつつあると言っていいでしょう。彼らにとって、「高齢化に関するスキルや知識を持つこと」は、今や、全人教育の一環なのです。

日本の老年学

日本における「老年学」はどうなっているのでしょうか。一九五九（昭和三四）年に老年医学会と老年社会学会が合同して日本老年学会（その後、日本基礎老化学会、老年精神医学会、老年歯科学会、ケアマネージメント学会、老年看護学会の五学会が加わる）を結成、一九七二（昭和四七）年には東京都の老人総合研究所が設立されましたが、アメリカ並みに研究資金配分の機能を持つ長寿科学振興財団の発足は一九八八（昭和六三）年、国立の老化研究施設である国立長寿医療センターの設立は一九九五（平成七）年と大幅に遅れました。日本老年学会は、会員数一万人を超えるといわれてますが、これは、加盟七団体による団体加入ですから、学際的な老年学研究者がこれだけいるということにはなりません。

日本では、「老年学」の教育と普及に全く手がつけられていないという状況も気がかりです。アメリカで見られた「高等教育老年学協会」のような組織も、行政からの学校補助金も、日本では存在せず、学校教育に老年学学習のプログラムを取り入れようとする動きは、全くと言っていいほどありません。日本の大学・短大・高専で「老年学」の正規講座があるところは、全国でただ一校、東京都町田市にある桜美林大学大学院に設けられた修士課程と博士課程があるだけです。医科大学の中には、老年医学科を設けるところもありますが、それも八一校のうち二一校にとどまり、全国の医科大学の三分の二に老年医学科はありません。

日本の現在の教育システムを見ると、初等教育から高等教育まで、高齢者についての正しい知識を教える教育プログラムが入り込む余地はなく、これでは「老年学」が普及するわけはありません。その道の学者の間でさえ、「老年学」を老年医学のことだと思い込んだり、「老人問題を研究する学問だ」と勘違いする人がいるくらいですから、一般の人が「老年学」について全く知らなくとも、これを責めるわけにはいかないのです。

今から六年前になりますが、こうした現状を憂え、「老年学のコンセプトを産・官・学・民に普及させる」ことを目的とした新しい学会「日本応用老年学会」が生まれたことは、一つの明るいニュースです。この学会は、二〇〇六（平成一六）年の一〇月二八日、東京新宿の野口英世記念会館で設立総会を開きました。会の名称となった「応用老年学」というのは、①「老年学」を教育界や産業界に普及させて、産・官・学・民の協働による新しい知的体系をつくること②「老年学」を「実践の知」として応用し、高齢社会が抱える諸問題を解決する手立てを考えることの二点を重要テーマにしており、大学や研究所の研究者だけでなく、高齢者にかかわりのある仕事をしている実務者や行政官、家庭や地域で高齢者のケアをしている一般の人々にも参加を呼びかけています。

学会の理事長に選ばれた柴田博・桜美林大学大学院老年学教授（現・人間総合科学大学保健医療学部学部長）は、設立総会の記念講演で、「老年学は、個人の心身の加齢の過程を包括的に捉えつつ、高齢社会全体を研究し、展望していく学問である。日本において老年学の確立が遅れることは、エイジズムの克服が遅れ、高齢者の生活の質や社会貢献をより改善するための施策や手立ての確立が遅れることである。学際的老年学を確立し、それを応用にまで発展させるには、アカデミックな学際性のほかに、広い職際性が極めて重要なので、これからは各界の人々の知恵を結集し、改善の方策を打ち出していきたい。どのような成果が結実されるかは、会員各位の努力と協力の如何にかかっている」という趣旨の話をされた（応用老年学会機関誌『応用老年学』第一号）。

平均寿命が延び、高齢者の比率が毎年のように上昇している日本で、老化について勉強する機会が学校では全くなく、学校を出てからも、上手な年のとり方・老い方を教えてくれる指導システムがどこにも存在しないというのは、どう考えても不可解だし、不自然です。産・官・学・民が協働して「老年学」を盛り立てろ、という柴田理事長の提案には、多くの人が賛成するのではないでしょうか。

老年期の成長——この本の意味

これまでにも「老い」について書かれた文献は数多くありますが、その多くは老化を悲惨な「衰退」の過程と見、老年期を人生の「惨めな下り坂」、あるいは、すべてが枯れる「人生の冬」として描きました。その典型的な見本が、一九七二年に翻訳書が出た、フランスの作家シモーヌ・ド・ボーヴォワール（一九〇八～一九八六）の『老い　上・下』（朝吹三吉訳・人文書院）でしょう。彼女は六二歳のとき、本格的な老人論としてこの本を書き上げたのですが、彼女が描く老人世界は陰惨そのもので、「人間がその最後の一五年ないし二〇年の間、もはや一個の廃品でしかない現実」をあぶりだしました。彼女にとって「老い」とは、ただひたすら不利な方向への、しかも決してもとには戻らない人間の変化、つまり「凋落」そのものであり、老人は「社会から見れば猶予期間中の死者」に過ぎません。

一九八〇年代以降のアメリカ老年学は、こうした悲観的な「老化宿命論」に反対し、「老いの神話」を一つ一つ崩していったのですが、中でも私が注目したのは、心理学者ベティ・フリーダン（一九二一～二〇〇六）の『老いの泉　上・下』（山本博子・寺沢恵美子訳・西村書店）でした。彼女は、ボーヴォワールと並び称された女性解放運動の論客でしたが、六〇歳になってから老年学の研究に飛び込み、七二歳のとき（一九九三年）、ボーヴォワールと正反対の老人論を書き上げたのです。彼女によれば、年をとっても、誰もが「病み衰えた老人」になるわけではありません。アメリカの場合、六五歳以上の高齢者のうち、アルツハイマー病にかかっているのはわずか五％、ナーシング・ホーム（療養院）に入っている人も五％（将来増えたとしても一〇％）に過ぎない事実をあげ、「これまでの老化研究は、病人と施設入居者から得られたデータに頼ったため、マイナス面だけに気を取られ、大部分の高齢者が在宅して自立した生活を送っている現実を見ていなかった」と批判しました。そして、「人間の知的能力は、一生を通して決定的な衰えが見られないことが特徴」だとし、「人生の最盛期である生殖可能期間が終わってから、新たな別の種類の成長が始まる可能性」を指摘しました。

もし「老年期の成長」が認められるなら、七〇歳、八〇歳を過ぎても、人生に新しい可能性が開けるわけで、そうなれば、老年期は「冬枯れの荒廃した季節」ではなく、「新しい収穫が期待される実りの季節」に変貌するでしょう。「若かったときには見えなかったり、フルに発揮できなかった真価や能力を伸ばす機会が、老年期には与えられている」

「残された晩年は、（自分自身を解放し、新たな冒険に踏み出す）『かけがえのない楽しい時』である」というフリーダンの言葉は、新しい「老年学」の出発点となりました。

「老年学」が目指す老年期の理想的老い方（サクセスフル・エイジング）は、「寿命を延ばし、より長く生きること」ではなく、「命のある限り、健康で生き生きと、自立した質の高い生活を続けること」です。その点は、最近流行のアンチ・エイジング（抗加齢医学）とは大きく異なっており、薬剤の使用や細胞の移植、遺伝子の操作など人工的手段を使って老化を抑止し、無理やり寿命を延ばそうというアンチ・エイジングの考え方に、老年学は賛成していません。「寿命を延ばし、より長く生きても、生活の質が伴わなければ何の意味もない。それよりも、与えられた寿命を受容し、生きている間は、生き生きと健康で自立し、充実した生活を楽しむほうが、より人間的ではないか」というのが「老年学」の立場なのです。

「老年学」は、老化過程の科学的解明を続けている間に、理想的な老い方（サクセスフル・エイジング）を実現するためのカギを、いくつも見つけてきました。アメリカのマッカーサー財団「サクセスフル・エイジング研究ネットワーク」がまとめた研究成果『サクセスフル・エイジング』（邦訳名『年齢の嘘』関根一彦訳・日経ＢＰ社）は、その見事な実例で、理想的な老い方のカギとして、欠かさず運動し、バランスのとれた食事をする、積極的に社会にかかわる、といった生活習慣を真っ先にあげています。老後の歩みは、前もって決まっているという通念は真っ赤なウソで、加齢変化には、自ら管理できる面が想像以上に多いのです。

サクセスフル・エイジングの軌道に乗れるか乗れないか、「地雷原」を通り抜けて、老年期を「かけがえのない楽しい時」にできるかどうかは、その人がどんなライフスタイルを選ぶか、にかかっています。加齢変化に最大の影響を及ぼすのは、実は、環境と生活習慣であって、どこでどのような生活を送るかが、決定的な意味を持ってくるからです。その意味で、自分の老後を決めるのは、「自分自身の責任」と言っていいでしょう。

私はこの本で、これまでの「老年学」の学習で得られた「老いの知識」を総動員し、サクセスフル・エイジングに至る道筋をなるべく具体的に示そうと試みました。私が「老年学」の解説書を出すのは、これが二冊目ですが、本書では、なるべく私自身の体験に基づいて話を進め、実践に役立つよう努めたつもりです。現に高齢期にある人はもちろん、これから高齢期を迎える人も、それを参考にして、ぜひ「よりよく老いる技術」

を身に付けて下さい。

アランは『幸福論』の中で、「幸福になろうと欲しなければ、絶対幸福になれない。幸福とはすべて、意志と自己克服とによるものである」と書いていますが、「理想的な老い方」もそうだと思います。老後の可能性を信じ、その実現に意欲的に努力する人だけが、そこに到達できるのです。

第一章　老化について本当のことを知ろう

老化は病気ではない

「老化」という言葉を見たり聞いたりしたとき、あなたは何を連想しますか。白髪の頭、シワだらけの顔、曲がった腰のよれよれの老人のことが、すぐ頭に浮かぶのではありませんか。もともと「老」という漢字は、白髪をたらした、背の曲がった老人が、杖をついてやっと立っている姿を表した「象形文字」ですから、「老化」という言葉が、いいイメージを与えるはずもありません。多くの人が、「老化というのは、人間から若さを奪いとる、病的な異常な過程である」と信じ込み、老いることを、ひたすら恐れ、忌み嫌っていたというのが実情でした。

しかし、老化を「病的な異常な過程」とする見方は、実体を捉えているのでしょうか。本当のところは、年をとったら誰もが経験する「自然で正常な過程」なのではないでしょうか。実は、老化の過程が病的なものなのか、それとも正常なものなのかという疑問は、ギリシャの古典時代から続いている問題（アリストテレスは、老化を「一種の自然の病気」としたそうです）でした。この論争は、二〇世紀末になり、「老年学」が「老化正常過程説」を採用したことで、やっとケリがついたのです（現在も「老化＝病気説」

が残っていることは、あとで触れます）。

ここでは、老化過程そのものは正常であり、病気とは別物であるという理由を説明しますが、老年学者がその結論に達したのは、決して抽象論ではなく、多年にわたる実証的研究、特に、健常者を長期間、継続的に追跡調査した縦断的研究の成果であることを強調しておきたいと思います。

これまでの老化の研究では、計量可能な対象として「救貧院」などに収容されている病弱な高齢患者を選び、これを若者と比較するという横断的研究が主体でした。このため、加齢に伴う身体的、知的能力の衰えだけが際立ち、「年をとると、人間は病弱な老いぼれになる」という誤った認識を植え付けてしまいました。これに対し、縦断的研究というのは、施設ではなく、住み慣れた地域に暮らす健康な人たちを、若い頃から年をとって死ぬまで定期的に継続調査しようというもので、費用と時間はかさむけれども、老化の経過と内容を正確に測ることができます。

老化の縦断的研究で最も著名なのは、アメリカ・メリーランド州ボルチモアの米国国立老化研究所の一部で一九五八年以来続けられている「ボルチモア縦断老化研究」（BLSA）ですが、老年生物学の第一人者レオナード・ヘイフリックが著書『人はなぜ老いるのか―老化の生物学』（今西二郎・穂北久美子訳・三田出版会）でくわしく紹介しているので、その中から興味のあるデータのいくつかを拾い出してみましょう。BLSAが調査の対象としたのは、一七歳から九六歳までの男女二三〇〇人のボランティアで、この人たちは二年ごとにボルチモアにやってきて、一〇〇種以上の二日半かかるテストを受けたのです。

① 男女とも年間約一・五ミリ徐々に背が縮む。これは約三〇歳で始まる。
② 年齢とともに手足は細くなるが、胴は太くなる。
③ 年齢とともに歯周病の起こる可能性とその重症度が増し、虫歯が増える。
④ 体重は約五五歳まで増え、この年齢で落ち始める。余命が最も長かったのは、一番痩せた人ではなく、「望ましい」体重の範囲の真ん中から、それより二〇％多い体重までの範囲にいる人々だった（やや太り気味の人の方が長生きしたということです）。
⑤ 三〇歳を超えると、各年一日あたり約一二カロリー消費する量が減少する。
⑥ 病気にかかっていないときの老人の心臓は、健康な若い成人のそれとほとんど

同じように血液を送り出す。心機能が年齢とともに低下するという証拠はない。

⑦ 年齢とともに、刺激に対する反応が遅くなり、不正確になりがちである。

⑧ 短期間の記憶は年齢とともに衰える。

⑨ 病気でなければ、人格の特徴は一生を通じて本質的に同じままだが、ペースの速い活動を好むことは五〇歳ごろになると減少する。老人の人格は、気難しくなったり、もっと陽気になったりするというように、時を経ると変わるという一般的な考えは迷信である。

⑩ 正常レベルの性ホルモンが維持されているにもかかわらず、性的活動は年齢とともに減少する。

⑪ 視力は年齢とともに衰える。しかし、眼鏡をすれば八〇代になるまで一・〇以上の視力を維持することが可能である。

⑫ 腎機能と肺機能は、年齢とともに衰える。

⑬ 白血球の一種であるリンパ球は、四〇歳くらいでがん細胞を殺す能力が落ち始める。好中球と呼ばれる感染症と戦う別の白血球も、年齢とともに能力が衰えてくる。

⑭ 六五歳を超えると、下肢および背の筋力が減じる。

⑮ 身体の活発さと最大運動能力は、年齢とともに衰える。しかし、毎日運動をするといったように生活習慣を変更すると、時を経ても運動能力は改善できる。

⑯ 閉経後の女性は、同年齢の男性よりも骨の喪失速度が速い。

⑰ 聴力が年とともに減退していく速度は、男性においては女性の二倍以上速い。匂いを嗅ぎ分ける能力も、男性は女性よりも早く急速に衰える。

⑱ 老化によって起こる変化は他にもたくさんあるが、正しい一般化をすると、いくつかの臓器における機能喪失は、三〇歳を過ぎると年間約一％の割合で起こる。

「ボルチモア縦断老化研究」の科学者たちは、こうしたデータを総合し、分析することによって、（一）老化による変化の現れ方は、一人一人違っており、途方もなく大きな多様性があること（老人はみな本質的に同じだという古い考えは偽りである）、（二）私たちの臓器すべてにおいて、一つの因子あるいは一つの時計が老化の速度を調節しているという証拠はないこと（老化の道筋は前もって決まっているという遺伝子プログラム説は誤りである）、（三）老化による機能低下は、三〇歳以降年間一％という非常にゆっくりした生理的変化であり、病気とは性質を異にすること（老化を病気とみなし、年をとると誰もが病み衰えると考えるのは間違いである）という結論に達したのです。

三番目の「老化は病気ではない」という点は特に重要なので、もう少しくわしく見てみましょう。例えば白髪は、老化の最も分かりやすい兆候ですが、これは毛球にあるメラニン産出細胞が衰え、メラニンという色素を出さなくなったために起こる現象で、誰も病気による異常現象とは考えません。多くの人に見られる筋力と持久力の低下、老眼、短期間の記憶力の低下、骨量の減少、身長の減少、聴力の低下といった現象も、二〇年、三〇年という長い時間の経過の中で起こるもので、そのために入院したり、死んだりする人はいないはずです。

三〇歳以降、老化によって年一％の割合で身体機能が低下していくと想定されていますので、これをもとに計算してみると、三〇歳の時一〇〇％あった身体能力は、七〇歳になっても六〇％、八〇歳でも五〇％は残っています。この程度なら、多少体力が衰えたからといって、日常生活には少しも不自由せず、若い人と同じように活動できます。仮に一〇〇歳まで生きたとしても、予備能力は三〇％残っていますから、まだ生存は可能な範囲です。この例からも分かるように、老化は何かの病気が進むのではなくて、一般的な衰えなのです。年をとって、人間が関節炎で動けなくなったり、がんや脳卒中、心臓病で死んだりするのは、病気のせいであって、老化のせいではありません。

ヘイフリックの説明によると、老化というのは「私たちの臓器や組織すべてにおいて、それらを構成している個々の細胞において、そして細胞同士をくっつけている接着物質においてさえ起こる」何千もの変化であって、これらのあまり明らかでない変化が、やがて明らかな老化現象となって現れるのです。ヘイフリックは「このあまり明らかでない正常な老化による変化は、免疫、神経内分泌、心臓血管系を含む臓器のほとんどすべての細胞に影響を及ぼす。大切な点は、これらの目に見えない老化による変化は正常なことであり、病的状態であるとは見なされないことである」と書いています。

では、この「目に見えない正常な老化による変化」が、「病的状態」と誤って認識されたのはなぜでしょうか。この点についても、ヘイフリックは次のようにくわしく説明しています。

「私たちは正常な老化による変化をするのだから病気ではない。しかし、正常な老化による変化が、青年時代には難なく簡単に撃退できたであろう病気に対する抵抗力を低下させるので、年齢とともに私たちが病気にかかる可能性は増える。例えば、私たちの免疫系が老化すると、私たちを防御してくれるには不十分となり、間違いをおかしやすくなる。体内にある正常なタンパク質を異物のタンパク質と間違い、私たち自身の細胞に対する抗体をつくってしまうこともある。その結果現れるのが自己免疫病（リウマチや膠原病）である。

老化に起因する病気は、正常な老化過程の一部にはならない。がん、心臓病、アルツハイマー病や脳卒中は、それらを撃退する私たちの能力の低下のために、年をとるにつれてますます増加してくる。従って、年をとるにつれて私たちの生命系に生じる機能喪失は、正常な現象であるといえるが、これによって病気にかかりやすくなったり、事故に遭いやすくなったりしてしまうのである。」（『人はなぜ老いるのか』）

「老化は病気ではない」という老年生物学者たちの認識によって、「老年学」の老化対策は大きな影響を受けました。どういうことかというと、老化の過程そのものに手をつけることは諦め、老化を早め、寿命を縮める老人の病気を防ぐことのほうに力を入れたのです。老化は、多数の臓器や細胞が関係する「何千という正常な変化」だから、これを止めたり、変更させたりすることは、今の科学水準では無理。これに対し、年をとると増える病気のほうは、運動とか、栄養とか、生活習慣を改善することによって、発症を遅らせたり、これを防いだりすることが可能だ、という認識なのです。

老化はなぜ起こるのか（一）

老化が原因で、年をとった人間は病気にかかりやすくなり、大部分はその病気が原因で死んでゆく。結果として死の危険を増大させるような「老化」の道を、なぜ人間は歩まねばならないのか。「老化」の目的は、一体何なのか。ここでは、そのナゾについて調べてみましょう。

私が老化の勉強を始めてから分かったことですが、老年生物学と老年医学の本には実にさまざまな老化理論があふれています。老化理論をリストアップし、分類した研究者によると、その数は三〇〇を超えており、学者の中には、研究者の数だけ老化理論は存在するだろうと皮肉を言う人もいます。どうして、こんなことになったのでしょうか。アメリカの著名な老年学者、スティーヴン・N・オースタッドは、著書『老化はなぜ起こるか』（吉田利子訳・草思社）の中で次のように書いています。

「医者や医学研究者に、なぜ私たちは老いるのか、とたずねれば、答えは相手の専門分野によって大きく違ってくる。神経学者なら、ニューロン、つまり脳細胞の損傷が累積されて老化が起こる、と言うだろう。心臓病が専門であれば、老化とは心臓と動脈がだんだんに損なわれて、重要な臓器への血流が徐々に低下することだ、と言うかもしれない。細胞生物学者なら、正常な代謝プロセスでつくられる破壊力の大きな分子フリーラジカルが細胞の重要な構成要素を壊し、このためにそれぞれの細胞が適切に機能できなくなる事実を指摘したがる。医学には多くの専門分野があるのだから、何百という理論が生まれてくるのも不思議ではない。しかも、限界はあるものの、こうした多くの考えはどれも正しいかもしれない。」

オースタッドによれば、こうした医学研究者による老化理論は、どんなふうに老化が起こるのかを説明するだけのメカニックな議論ばかりで、なぜ老化が起こるのかという本当の問題点には答えてはいません。老化の基本的プロセスを解明するには、もっと因果論的な解答、そもそもなぜ老化が起こるのかを理解しておく必要があるのです。

そこで私は、老化が起こる原因に的を絞って内外の文献を探してみたのですが、日本の研究者の本と、欧米の老年生物学者の本とでは、その内容に大きな差がありました。素人の目から見ても、欧米の老年生物学者の研究の方が進んでおり、はるかに明快でした。結局、私が頼りにしたのは、オースタッドの前掲書のほか、レオナード・ヘイフリック『人はなぜ老いるのか―老化の生物学』(今西二郎、穂北久美子訳・三田出版会)、トム・カークウッド『生命の持ち時間は決まっているか』(小沢元彦訳・三交社)、リチャード・ドーキンス『利己的な遺伝子』(日高敏隆ほか訳・紀伊國屋書店)などアメリカとイギリスの著名な生物学者の本でした。

これらの本によると、これまでに登場した因果論的な老化原因説は、①プログラム説②摩耗と擦り切れ説(エラー蓄積説)③代謝速度説④進化論的老化論の四つで、四番目の「進化論的老化論」以外はすべて「誤り」として否定されています。日本の文献では、老化原因の二大仮説としていまだに支持されている「プログラム説」と「摩耗と擦り切れ説(エラー蓄積説)」が、どうして成立しないのか、彼らが支持する「進化論的老化論」とは何なのか。以下、四つの学説を順次見ていきましょう。

（一）「プログラム説」

「発生の過程と同じように、老化の過程も遺伝子のプログラムの中に組み込まれている」という理論で、老化学説の中では最も有力だった説です。この学説は、「地球上には限られた資源しかないから、生殖を終えた個体は、種の利益のために老化して死に、若い個体に道を譲るようにプログラムされている」という考え方から生まれたもので、老化は死と同じように遺伝で決定されたものという「老化宿命論」に発展したのです。しかし、生物の研究が進むにつれ、ほとんどの野生動物に老衰死が見られないこと、生殖期終了後も長生きして老化を経験するのは、人間と人間が飼育する動物だけであることが証明され、「個体数をコントロールするために老化が進化してきた」という理論は、覆されてしまいました。

幾多の縦断的老化研究の結果を見ても、老化の現れ方は各人各様で、途方もなく大きな多様性があり、臓器すべてに適用できる一般的な老化パターンは存在しないこと、老化は遺伝因子のほかに環境因子、生活習慣因子も加わった複雑な相互作用によるものだということが明らかになりました。現実に、一定の時間が経過したら生物を老化させるという老化遺伝子は、まだ発見されておらず、「老化は生まれたときから始まっている」という遺伝子プログラム説は、全面的に否定されたと言っていいでしょう。

また､老化プログラム説の中では､五〇回の分裂を繰り返すと寿命が尽きる細胞の「プログラムされた死」を老化に結びつけ、「プログラムされた細胞死が老化過程を引き起こす」という主張も有力ですが、この細胞死を発見した当のヘイフリックはこれにも否定的で、「私たちは多量の細胞死のために老化するのではなく、細胞死に先立つ複雑な分子の変化が、細胞自身が死ぬかなり前に老化による変化と動物の死を引き起こすのではないか」と書いています。老年学専門家の間でも、細胞の老化が老化そのものだと主張する人は少数派で、大部分の学者は「細胞複製の限界は正常な生理的プロセスである」と考えているようです。

(二)「摩耗と擦り切れ説(エラー蓄積説)」

長い間使い古した品物は、擦り切れて役立たずになる、という世間常識にピッタリの理論で、この学説の信奉者は「毎日の生活で起こる酷使から生まれる損傷を重要臓器系が蓄積することで、動物が老化する」と主張しています。摩耗説は、別名でエラー蓄積説とも呼ばれますが、この学説の本当の強みは、「熱力学の第二法則」、つまり、「閉鎖系の構造では、必ず無秩序さが増大する」という「エントロピーの法則」を後ろ盾にしていることです。「無秩序の増大した結果が老化であり、老化はやはり必然なのだ」と思い込む人が予想以上に多いのは、この法則がもたらす効果といえるでしょう。

しかし、この摩耗説にも、重大な欠陥のあることが分かってきました。問題の第一点は、「エントロピーの法則」は「閉鎖系」についての理論であり、「開放系」の生物には適用できないという指摘です。「閉鎖系」というのは、外に出るものも中に入ってくるものも何もない密室のことで、「エントロピーの法則」が通用するのは、このような密室の中だけです。生物は閉鎖系ではなく、開放系だから、この物理法則は通用しません。カークウッドの言葉を借りると、「身もふたもない言い方をすれば、あなたも私も上下に穴があいた筒のようなもので、外界から資源を取り込み、それが筒の中を通る間に必要なエネルギーを絞り取り、残りを外界に戻している。ここで絞り取られたエネルギーは、増大しようとするエントロピーを減らすために利用できるのだ」ということになります。つまり、私たちは栄養物をとり入れることによって、毎日、〝充電〟し、反エントロピー的活動を行っているのです。

問題の第二点は、動物の細胞や組織、臓器などの摩耗と擦り切れを調べるのは困難で、実際に測定したり、定量化したりすることができないという点です。自動車のタイヤなどでしたら、摩耗の程度を調べて実験し、どのくらいまで摩耗すれば事故につながるかを割り出すことも可能ですが、生きた細胞の場合には、そこで行われる摩耗と擦り切れがどんなものなのか、本当のことは分かっていません。このためヘイフリックは、「私たちは定義の不可能なものを測定することができないので、摩耗と擦り切れ説は、現在科学の停滞の中に放棄され、ほとんど支持者を得ることができないでいる」と、突き放した見方をしています。

摩耗説に関連しては、最近、活性酸素によるミトコンドリアの障害が老化を引き起こすという「フリーラジカル障害論」がさかんですが、オースタッドは「ひとつの細胞には数百のミトコンドリアがあり、壊れていないミトコンドリアが細胞内で機能している」という見解をもとに、「ミトコンドリアの損傷増加は、皮膚のシワと同じで、老化に伴う現象ではあるが原因ではない」という意見を述べています。ヘイフリックもこれに対しては、「ミトコンドリアの変化が老化による変化を引き起こすのかどうか、直接テストするための実験を考案するまで、何とも言えない」と懐疑的です。

(三)「生命活動速度説」

生命活動速度説は、代謝速度説とも呼ばれています。エネルギー消費量(代謝率)とその結果としての生化学的活動が、老化の原因・決定要素だとする理論で、ドイツの生理学者マックス・ルブナーがこの理論の創始者です。オースタッドやヘイフリックの解説によると、ルブナーは、一九〇八年、体重も寿命も違ういくつかの動物が、その生涯にほぼ同じ量のエネルギーを消費していることを発見しました。例えば、体重四五〇グラムで寿命六年のモルモットと体重四五〇キロ、寿命三〇年のウマが、生涯に消費するエネルギー量がほぼ等しいということは、モルモットの代謝率が大変高くてエネルギーの燃焼が速いのに対し、ウマは代謝率が低くてエネルギーの燃焼がゆっくりしているということです。これを自動車に例えれば、一定量の燃料を積み込んで走りだしても、モルモットのように燃料を急激に使えば早く死ぬし、ウマのようにゆっくり燃焼させれば長生きすることになります。

エネルギーの代謝速度によって老化と寿命のナゾが簡単に説明できるという代謝率—寿命仮説は、その後も信奉者は絶えません。そのため、「運動は体に悪い」とか「怠惰な人間は長生きする」とかいった議論がいまだになくならないのですが、ヘイフリックとオースタッドは、「この理論を支持する証拠がほとんどない」という理由で、真っ向から反対なのです。

反対の最大の理由は、この理論では説明のつかない例外的な動物の存在です。「コウモリが長生きなのは、冬眠によって代謝率が下がるためと説明されているが、冬眠しない熱帯のコウモリも三〇年以上長生きしている」「カンガルーやコアラなどの有袋類は、ほかの哺乳類よりも代謝率が低いのに、同じサイズの動物に比べて短命で、長生きしていない」「鳥類は哺乳類よりも代謝率が高く、種によっては二倍にもなるから、当然、哺乳類より短命のはずだが、実際は、同じサイズの哺乳類より三倍以上も長生きし、動物王国の長寿チャンピオンになっている」などが、その実例です。

人間の場合もやはり例外であって、私たちは一生を通じて、ほかのどの動物よりも多くのカロリー（組織一グラムあたり約八〇〇キロカロリー）を燃焼させています。それなのに、ゾウやウマなど自分よりサイズの大きい動物よりもはるかに長生きです。エネルギー消費が高いと、老化過程が加速されるという証拠は、ここでは全く存在せず、生命活動速度理論は「すでにお伽話も同然」（オースタッド）なのです。

老化はなぜ起こるのか（二）

老化のすべてを遺伝のせいにした「プログラム説」、宿命的な無秩序の増大を老化の原因と考える「摩耗と擦り切れ説」、気楽な生活を送れば、ゆっくり老化し長生きできるとした「生命活動速度説」、そのいずれもが誤りとして否定されましたので、残る仮説は、「進化論的老化論」だけです。この理論は、進化論によって自然界のさまざまな老化パターンを説明しようとするもので、多くの老年生物学者がこれを支持しています。カークウッド、オースタッド、ヘイフリック、ドーキンスの順に、その論点を見ていきましょう。

(四)「進化論的老化論」

カークウッドは、一九七四年から老化学に取り組み、マンチェスター大学でイギリス初の生物老化学教授になった人で、体の使い捨てが老化を招いた原因だという「使い捨ての体」理論を展開しています。この理論によると、次の世代に遺伝子を伝える役割を持つ生殖細胞と、その世代限りの役割を引き受けた体細胞とでは、維持しなければならない期間が全く違います。生殖細胞はできるだけ良好な状態に保ってやらなければならないが、体細胞はそこまでする必要はない。そのため、限られた資源をやりくりして生きなければならない場合には、生殖細胞への投資が優先され、損傷を負っても十分な修復を受けられない体細胞は、事実上、使い捨てにされるのです。

これを遺伝子で論ずると、有限の資源でできるだけ多くの子孫を残したものが多数派になるという競争に勝った人間の遺伝子は、大切な生殖細胞には十分な修復の手間をかけますが、体細胞に対してはそうではありません。体細胞の面倒をみるのは生殖が終了するまでで、いったん生殖という大仕事が終わってしまえば、体細胞はもはや用なし。遺伝子が体細胞の修復から手を引いてしまうため、細胞には治しきれない損傷が蓄積し、やがて死に至ります。遺伝子から見放された体細胞が、生殖終了後、死ぬまでにたどる過程が、老化というわけです。

実際の動物世界を見ても、高い危険にさらされる動物は、繁殖のために全力投入し、体の維持、修復のためにはわずかしか投資しないから、早く老化し寿命は短い。これに対し、ほとんど危険にさらされない動物は、体の維持のためには大きく、繁殖のためには小さく投資するから、老化は遅くなり、寿命も長くなっています。

オースタッドも、「進化論によって、自然界のさまざまな老化パターンを説明できる」として、同じような「老化進化論」を展開していますが、彼はこれをフクロネズミの実態比較調査で証明してみせました。フクロネズミは、イエネコと同じくらいの小さい哺乳類で、武器としての爪や歯はあまり発達せず、機敏さにも欠けていますから、フクロウ、コヨーテ、オオカミ、野犬、ヤマネコなどあらゆる捕食者の餌食になりやすいのです。このため、大陸にすんでいるフクロネズミは、捕食される前に子を産むようになり、生後一年半もすればよれよれに老化して、二歳以上のフクロネズミは一匹も見つかりませんでした。ところが、ジョージア州のサペロ島にすんでいるフクロネズミは、これと全く違いました。この島には捕食者がいないため、地上の木陰などにすんでおり、繁殖率は本土の仲間の半分でした。しかも、本土のフクロネズミよりも二五％から五〇％も長生きで、半数以上が二度目の繁殖期まで生き延びました。捕食者に襲撃される危険が少なく、環境の安全性が高まれば、動物は生殖の速度を遅くし、その老化も遅くなるということが証明されたのです。

ヘイフリックは、カークウッドの「使い捨ての体」理論を紹介した上で、「生殖の成功と長寿の両方を手に入れることはできない。極限寿命は、極限寿命に直接力を貸す特質よりも生殖を成功させる特質が優先し、間接的に進化していく。体細胞、すなわち身体の細胞は、いったん生殖の成功が確実にされたら使い捨て可能である。別の言い方をすれば、自然淘汰により、初期に多産性が増強されるような特質が獲得され、長寿という特質が捨てられるのである」と解説しています。そして、動物の老化を、目的を達成した後の火星探査宇宙船（衛星）に例えて、次のように説明しました。

火星に近づき、その写真を地球に送るという目的を達成した後の宇宙船は、生殖に成功し、その子孫を育てた後の動物に、よく似ています。宇宙船を設計したエンジニアも、動物を設計した自然も、いったんその目的を果たしてしまえば、後はどうなろうと気にかけてはいません。宇宙船も動物の親も、使命を果たした後は〝ご用済み〟ということで、そのまま消えてしまっても誰も困らないのです。しかし、どちらもすぐ消えるわけではなく、宇宙船は惰性で太陽系の外へと飛び続け、動物の親も引き続き生命活動に参加しています。だが、それも永久とはいかない。遅かれ、早かれ、宇宙船の重要システムには不調が生じ始め、動物の重要臓器においては機能喪失が生じます。いずれもがその目的を越えてまで機能するように設計されていないので、両方が老化し始めるのです。そして、余力として残っていたすべてのバックアップシステムと保存能力は、老化過程が容赦なく続くので、ついには力が尽き、死が訪れるのです。

生殖が成功し、子孫を自立するまで育てた後に起こる現象は、動物の種の保存にとって重要なことではありません。そのため、長生きする動物は遺伝子の保護を受けられず、老化による変化という生理的な喪失を避けられないことになります。遺伝子理論では、この間のいきさつをどう説明するのか、イギリスの生物学者、リチャード・ドーキンスの老化理論を次に見てみましょう。

ドーキンスによると、「われわれおよびその他のあらゆる動物は、遺伝子によって創り出された機械」にほかならず、われわれの体は、「遺伝子を不変のまま維持するために遺伝子が利用する手段＝乗り物」なのです。遺伝子がその目的を達して子孫を残すことができれば、もはや乗り物には用がないわけだから、死ぬべき運命にある体が老衰や死に見舞われないうちに相次いでそれらの体を捨て、世代を経ながら体から体へ乗り移ってゆくということになります。

彼は、持ち主を死なせる遺伝子を「致死遺伝子」、持ち主をある程度衰弱させ、ほかの原因による死を一層確実にする遺伝子を「半致死遺伝子」と呼んでいますが、その遺伝子理論を使うと、老化によってなぜ体の保障機構が低下し、生理的機能が衰えるかが説明できます。利己的な遺伝子は、「自分の生存機械」の死を、少なくとも繁殖終了後まで引き伸ばす傾向があり、若いうちに影響を及ぼすような致死遺伝子は、遺伝子プールから淘汰されてしまいます。しかし、年老いた体で致死的に働く遺伝子は、体が少なくとも多少繁殖するまでその致死効果を現さずにいれば、自然淘汰を免れ、遺伝子プール内に蓄積されます。だから、人間が生殖期を終わって老年期に入ると、それまでは鳴りをひそめていた、それらの半致死遺伝子と致死遺伝子が、大手を振って動き出すというわけです。「老衰は、後期に働く致死遺伝子と半致死遺伝子が遺伝子プールに蓄積するという現象の副産物にすぎない」というのがドーキンスの説明です。

以上、五人の生物学者の著書に基づいて「進化論的老化論」の中味を見てきたのですが、概括的にはお分かりいただけたでしょうか。これまでにはっきりしたことは、老化は「プログラムされた死」と違い、宿命でも必然でもなく、必要もないということです。受精から成熟までの生物学的現象はすべて目的を持っているようですが、老化にはそれがありません。使命を果たした後、なおも太陽系の外へと飛び続ける宇宙船のように、設計者（自然）から見れば、もはや飛ぶ目的は失われています。言い換えれば、生殖が終わった後も生き続ける人間というのは、自然が予定していなかったものであり、生理的機能を維持するという「遺伝的プログラム」から見捨てられてしまった存在なのです。

ヘイフリックが「私たちは、老化過程を起こす自然を実際責めることはできない。自然は私たちを性的成熟に達するよう設計しただけなのだ。性的成熟を越えてもさらに生き続け、私たちが老化と呼んでいる機能低下というこのパンドラの箱を開けることで、自然の計画を阻止したのは私たちなのだ」と述べているように、私たちは長生きすることによって、老化という試練を背負い込んだともいえるでしょう。しかし、老化を背負ってまで、人間が長生きしたかったのはなぜなのか。その点を考えると、別の見方も可能になります。

野生動物は、老化を知りません。老化する前に死んでしまうからです。人間だけが今日、「どんな生物も経験したことのないような規模で」老化を経験しているのですが、それは、人間の「急激な社会的、文化的進化が、生物学的進化を追い越し」（カークウッド）、記録的な長寿社会をつくり上げてしまったからです。このことは、人間の「文化」が「遺伝子」のカベを乗り越え、ようやく私たちは「老年期」を獲得したのだ、と言い換えることもできるでしょう。そうだとすると、「遺伝子から見放される」ことは、「遺伝的プログラムの束縛から解放される」ことにもなるわけで、「老人こそ、遺伝子の呪縛から解き放たれて、自分自身の人生の目的を見つめ直すことのできる者」（品川嘉也・松田裕之『死の科学』光文社）、「高齢期は、人間が自分自身の主人公となり、自分独自の寄与ができる時期なのだ」（ベティ・フリーダン『老いの泉』山本博子・寺沢恵美子訳・西村書店）、「現代の長寿社会は、人間が遺伝子の支配を離れ、自己目的の存在に転化した人類史上での、あるいは生命の歴史の上での究極的な到達点」（広井良典『遺伝子の技術、遺伝子の思想』中公新書）といった考え方の背景が、よく理解できます。

「人間はなぜ老化するのか」という問いは、ある意味で、「人間はなぜ長生きするのか」と問うことと同じなのです。ただひたすらに心身の「凋落」を嘆き、死を待つだけの哀れな「廃品」として終わるくらいなら、折角勝ち取った「老年期」の意味がありません。人間だけに許された「老年期」、遺伝子の支配から離れた「この老いという自由な時間」を、いかにして最も有効に使いきるか。今ほど、サクセスフル・エイジング（上手な老い方）が求められている時はないでしょう。

老化を防ぐことができるか

最近、「若返り」という言葉は、あまり聞かれなくなりましたが、それに代わって大流行しているのが、「アンチエイジング」という言葉です。「アンチエイジング」は、「抗加齢医学」と訳されていますが、加齢に抵抗する、老化を抑止するという積極性が〝売り物〟で、薬やサプリメントを使った老化防止や、若返りのための美容整形手術などが、「アンチエイジング」の名で行われています。

「アンチエイジング」は、老化を病気同然とみなし、病気の原因である老化そのものを抑止しようと考える医学思想で、アメリカでは、一九九三年に七人の医師が集まって「米国アンチエイジング学会」を結成したのが始まりです。一九四五年に結成された「米国老年学会」に比べ、かなり歴史の浅い団体ですが、豊富な研究費をバックに急速に力をつけ、二〇〇六年には一万一五〇〇人の会員にふくれあがったそうです。本家の老年学会会員は六〇〇〇人程度ですから、今やそれを上回る勢いと言っていいでしょう。

老年学の学者は、「老化は病気ではなく、自然な生理的変化である」として、「老化過程そのものを止めることは難しい」としているのに対し、アンチエイジング系の研究者は、「老化は治癒可能な生物医学の問題」として「早ければ数十年のうちに老化を克服できる」と予言しています。これでは、アンチエイジングのほうに研究費が流れるのは当然ともいえますが、学問的意味では、まだ両者の間で勝負がついたわけではありません。

アンチエイジング系の学者の本を見ると、「不老革命」とか「不老の方法」とか、今にも老化を克服できるような楽観的な見出しが躍っていますが、本当に、老化過程そのものに手を加えることが可能なのかどうか。老化過程の研究を専門とする老年生物学者の本と読み比べてみると、アンチエイジング系の学者の本は、「老化を止める方法が見つかった」と鬼の首をとったように騒ぎ立てる割には、実効が伴っていない印象が強く、全面的に賛同するにはまだ時期尚早の感じがします。そこで、ここでは、老年学の老化防止に対するこれまでの取り組みを紹介し、あらためて老化のストップができるのかどうかを検証してみたいと思います。

老年生物学者スティーヴン・オースタッドは、著書『老化はなぜ起こるか』の中で「現在、いかなる食餌法もビタミンもミネラルもホルモンも、生活方法も行動様式もライフスタイルも、人間の老化を防止すると証明されたものはひとつとしてない！」と書いています。今喧伝されている老化防止の薬や療法のどれもが、老化防止とは関係ない。本当に老化を遅らせる療法とは、平均寿命を延ばすだけでなく、いくつまで生きるかという長寿記録を更新するようなものでなければならないが、今のところ、このような基準を満たした療法はないというのです。

老化防止の決め手となる薬品や療法がいまだに出現していない理由としては、これまでの老化研究で、老化の基本的原因が何か、まだ確定的なことが分かっていないことを、まずあげなければならないでしょう。人間の老化には、これをつかさどる遺伝子が存在しないというのが、学会の通説です。ゆっくりとした老化の現れは、遺伝因子、環境因子、生活習慣因子の複雑な相互作用の結果とされています。細胞の老化についても、フリーラジカル説、老廃物蓄積説、架橋説、テロメア時計説など諸説があり、とりわけフリーラジカル説が有力ですが、それを証明するような決定的な老化防止策はまだ見つかっていません。

効果の判定が難しいということも、〝決め手〟の出現が遅れる理由の一つです。老化を防ぐと銘打つからには、薬の有効性についての二重盲検、プラシーボ対照試験が必要ですが、これには数年間を要し、多額のコストがかかります。老化防止の療法についても同じことで、老化過程への効果を証明するためには、少なくとも一〇年、あるいは二〇年のテスト期間が要求されるでしょう。今アンチエイジングの市場にはさまざまなサプリメントがあふれ、その市場規模は三兆円を超すといわれますが、その中には、こうした基準を満たしたものは一つもありません（もし本当に効果のあるものなら、医薬品の審査にパスし、当然保険適用もされるはずです）。

それでは、老化を防ぎ、寿命を延ばす方法が、これまで全く見つからなかったのかというと、必ずしもそうではありません。今から七八年も前の一九三四年に、アメリカ・コーネル大学のクリーブ・マッケイ教授の研究グループが、カロリーを制限してラットを育て、その寿命を延ばすことに成功したからです。このカロリー制限は、標準量のビタミン、タンパク質、ミネラルなどはしっかり与え、総カロリーだけを大きく減らすというやり方で、実験の結果、カロリー制限なしに育てられたラット（対照群）に比べて、三〇～五〇％あまり摂取カロリーを減らされたラットは、平均寿命と最大寿命の両方が大体三分の一ずつ長くなることが明らかになりました。カロリー制限を受けたラットは、対照群に比べて三分の一から二分の一ほど体重が軽く、体も小さい。

また、対照群よりもはるかに健康であるように見え、各種のがんにかかる率が低く、フリーラジカルが引き起こすダメージも蓄積しにくいということでした。実験対象のラットは、三年の寿命を一年余計に生きただけですが、寿命が三分の一延びたということは、実は大変なことです。人間に換算すると、三〇年近くも寿命を延ばしたことになるからです。

この実験結果が公表されると、学会は騒然としました。カロリー制限をした動物がなぜ長生きするのか、人間にもそれは適用できるのか、意見が分かれたのです。その後、マッケイのラットの実験は、サカナ、マウス、カイコ、クモ、ミバエ、ワムシ、ミジンコなど多くの動物でも試され、一九八〇年代に入ってからはアカゲザルを使って実験が行われていますが、まだ最終結論が出されたわけではありません。カロリー制限が動物の寿命延長のカギになっていることは、これまでの実験で認められましたが、それが人間の老化防止にも有効なのかどうかについては、まだ見解の対立が続いているのです。

アンチエイジング系の学者は、「間もなくカロリー制限が人間の老化防止に有効なことが証明されるだろう」と、かなり強気です。彼らを強気にしている理由の第一は、カロリー制限をした実験動物が、いずれも老化が遅れ、長生きしているからです。現在行われているアカゲザルの実験でも、二〇年間カロリー制限されてきたサルは、八割が健在なのに、普通のエサで飼育されたサルはすでに五割が亡くなってしまいました。両者を並べて見ると、制限組のサルの方は毛並みにツヤがあり、白髪やシワが少なくて若々しく見えるのに対し、普通のエサ組は、白髪が生え、顔には深いシワが刻まれていて、親子か祖父母と孫のようにしか見えないそうです。

強気の理由の第二としては、老年生物学者トム・カークウッドが、例の「体の使い捨て」理論を使って、有力な理論的裏付けをしていることがあげられます。彼は、すべての実験データを入力して「バーチャル野生マウス」をつくり、カロリー制限が野生マウスに及ぼす影響を詳細に調べ上げたのです。その結果によると、まず、十分な食料がある間は、野生環境での平均余命を健康に生きるのに必要な最小限の資源しか維持に回さず、寿命は三年程度で落ち着きました。しかし、食料が不足し、維持と繁殖の両立が不可能になってくると、生き残る維持に回す資源を増やすようになり、繁殖に回される資源は「減らされる」のではなく「なくされる」ことが確認されました。寿命もその分長くなったわけです。

三番目には、遺伝子研究があります。日本抗加齢医学会副理事長坪田一男の著書『長寿遺伝子を鍛える』（新潮社）によると、アメリカ・マサチューセッツ工科大のレオナルド・ギャランテ教授の酵母菌研究から、「サーツー（Ｓｉｒ２）」という長寿遺伝子が発見され、一九九九年に研究結果が発表されました。この遺伝子は、カロリー制限という生活習慣によって、スイッチがオンすることが分かっており、実験でも、カロリー制限で「サーツー」を活性化させることで、正常なマウスが長生きするだけでなく、病気のマウスも長生きすることが証明されたということです。

しかし、こうしたアンチエイジング論者たちの意気込みにもかかわらず、大部分の人は、まだ半信半疑といった状態で、「カロリー制限が人間の寿命を延ばす」と信じてこれを実行している人は、極めて少数派と言っていいでしょう。実験マウスのように三〇～五〇％もカロリーを減らすことは、人間に空腹ぎりぎりの飢えに近い状態を強いることになり、長い寿命を得るための代価としては高過ぎますし、それに加え、「あくまでも動物実験であり、人間には通用しない」という反対論がますます現実味を増してきたからです。

反対論の筆頭は、例の「ヘイフリック限界」（細胞の分裂は五〇回が限界）を発見した老年生物学者レオナード・ヘイフリックです。ヘイフリックは『人はなぜ老いるか』の中で、「野生のラットは、周期的な、時には長く続く飢えによって成長が遅らされるのが普通。マッケイの実験は、通常十分に食事を与えられている実験用ラットを低栄養状態にすることによって、通常の野生ラットに起こっていることを再現しただけだ」と述べています。つまり、マッケイの実験が証明したのは、欲しいだけ食べる動物は、低栄養の同じ系統の動物よりも早く成長して老化し、短い人生を送るということだったのではないか、というわけです。

そして、カロリー制限の人間への適用については、「低栄養が寿命を延ばすという主張については、私はいまだに大いに批判的である。私は栄養過多が病気の発症を増やし、寿命を縮めると言うほうがよいと思う。その差はわずかであるが、栄養過多のほうが、野生の動物においては異常な状況なので、この差は大切である」と書いています。

「カロリー制限を受けた動物の寿命が延びるのは、カロリー制限によって代謝速度が低下し、その分、有害物質の蓄積も遅くなるからだ」とする生命活動速度理論も、はっきり覆されました。アメリカの生理学者が、カロリー制限マウスの体重一グラムあたりの代謝速度を調べ、通常のマウスのそれと比較したところ、代謝速度は小さいどころか、むしろ大きいことを確認しました。カロリー制限マウスの個体あたりの代謝速度が小さかったのは、単に、彼らの体重が少なかったせいなのです。だとすると、アンチエイジング系の学者が支持する生命活動速度理論では、カロリー制限による寿命の延長を説明できないことになります。

カロリー制限推進論者にとってさらに痛手となったのは、ボルチモア縦断老化研究などによって、「痩せれば長生き」という〝痩せ信仰〟の根拠が否定されてしまったことです。ボルチモア研究によると、極端に痩せている人と極端に太った人はともに短命で、一番長生きしたのは、「望ましい」とされる体重の範囲の中間点から少なくとも二〇%を超える範囲にある人々でした。少し「余分な」体重が寿命を延ばすということの驚くべき発見は、その後の各種調査でも裏付けられており、「カロリー制限が寿命を延ばす」という主張と明らかに矛盾します。

動物実験の結果を人間にも適用することに関し、日本の老年学者からも反対意見が出されています。人間総合科学大学保健医療学部学部長柴田博は、カロリー制限の動物実験がすべて無菌状態の飼育環境で行われていることを指摘、「感染のリスクを捨象した実験結果をむやみに人類に適用してはならない」という立場をとっています。柴田の『メタボ基準にだまされるな!』（医学同人社）によれば、日本人の摂取エネルギー（カロリー）は、一九八〇年代後半から減る一方で、二〇〇八年の厚労省調査では、ついに終戦直後の飢餓時代（一九四六年）のレベルを下回ってしまいました（七〇歳以上の高齢者には低下は見られず、低下はもっぱら若い世代―特に二〇代、三〇代の女性に起きています）。こんな状況で、さらに三〇%のカロリー制限をやろうものなら、日本人の摂取エネルギーは北朝鮮を一〇%も下回ってしまうことになります。そういうぎりぎりの栄養状態を考えれば、とても「アメリカ発のカロリー制限運動」を受け入れる余地はないわけです。

ヘイフリックは「動物の極限寿命に対するカロリー制限の効果はかなり認められているが、ヒトにおける最近の観察では、その効果は疑わしいものである」と書いていますが、まさにその通り。中年期を過ぎれば、少し「体重オーバー」するほうが長生きするのだから、カロリー制限をして痩せてしまうことは、かえって寿命を縮めてしまうかもしれないのです。これまでの長い論議のおかげで、人間の場合、「低栄養」（痩せ過ぎ）も「過剰栄養」（太り過ぎ）も、ともに病気の発症を増やし、寿命を縮めること、つまり、栄養のとり方が寿命の長短にかかわってくることが分かってきました。

老年期はいつ始まり、いつ終わるか

通常の野生動物には、老年期はありません。生殖期が終わると、すぐ死んでしまうからです。つまり、野生動物の場合は、「成長期」(生まれてから性成熟までの期間)プラス「生殖期」(子孫を産んで育て上げるまでの期間)が寿命ということになります。ところが人間の場合は、「生殖期」が終わった後も生き続ける「後生殖期」がついており、「成長期」プラス「生殖期」プラス「後生殖期」が寿命となります。私たちが「老年期」と呼んでいるのは、この「後生殖期」のことで、二〇年から三〇年という長期に及ぶから、その分だけ寿命が長くなり、そのおかげで人間は、最も長寿な動物になったのです。

では、この「老年期」は、いつから始まるのか。アメリカの老年学で、老年期の年代区分が試みられたのは、一九七四年に、シカゴ大学の人類発達学教授バーニス・ノイガーテン(女性)が、五五歳から七四歳までをヤング・オールド、七五歳以上をオールド・オールドと呼ぶよう提唱したのが始まりです。今日の全世界的な閉経の平均年齢は五〇歳から五二歳ですから、女性が生殖期を終了して老年期に入る時期を五五歳としたのは、まさにピッタリといえるでしょう。女性は、この閉経によってすべての卵子を失い、女性ホルモン・エストロゲンが急激に減少して、更年期に見舞われる人が増えますから、生殖期と後生殖期の切り替えが、極めてはっきりしているのです。

これに対して男性の場合は、年をとると男性ホルモン・テストステロンは減少しますが、全部がなくなるわけではなく、精子の産生も続きますので、女性のように更年期を味わうということはありません。蓮如上人が八四歳で、渋沢栄一が八五歳で子をなしたような例もあり、とても個人差があって、生殖期と後生殖期の切り替え時があいまいなのです。このため、男の老年期は、年をとって仕事の第一線から撤退する時期、つまり、定年退職の年齢をもって始まりとするようになったのですが、七〇年代の定年年齢はまだ五〇～五五歳でしたから、男女とも同じ年齢を出すことができたのだと思われます。

一九八〇年代に入って、老年期の年代区分は、始まりと終わりの部分が変わりました。老年期の始まりは六五歳に引き上げられ、六五歳から七四歳までをヤング・オールド、七五歳から八四歳までをオールド・オールド、八五歳以上をオールデスト・オールド、またはスーパー・オールドと呼ぶようになったのです（日本では、ヤング・オールドを前期高齢者、オールド・オールドを後期高齢者と訳して使っています）。老年期の開始を一〇年間遅らせたのは、男女とも平均寿命が延びて、人生八〇年時代が現実になったこと、アメリカで雇用の年齢制限が撤廃され、世界的に定年年齢が延びたことなどが原因ですが、国連の人口統計では六五歳以上を老年人口としていますので、結果的にこれと符丁を合わせる形になりました。

この新しい年代区分で、あらためて浮き彫りになったことが二つあります。その一つは、寿命が長くなった以上に、私たちが健康でいられる時間が長くなっているという事実です。老化の速度が遅くなっていると言い換えてもいいでしょう。六五歳から七四歳までをヤング・オールドと呼ぶのは、この年代の人の多くは、通常の成人と健康状態はほとんど変わらず、特別のケアは必要としないからです。つまり、七四歳までは、まだ年寄り扱いしなくてもよいオールドだということです。七五歳以上は、一応、本格的なオールドということになりますが、その八五％以上は在宅で元気に暮らしていますので、生活を組み直したり、活動を制限したりする必要はありません。要介護発生率が二〇％を超えるのは八五歳以上のオールデスト・オールドになってからです（ちなみに、厚労省の資料によると、要介護老人の発生率は、六五～六九歳で一・五％、七〇～七四歳で三・五％、七五～七九歳で六・五％、八〇～八四歳で一一・五％、八五歳以上で二四％となっています）。

もう一つの事実は、平均寿命はまだ延びており、八五歳以上のグループが最も急激に増えているということです。日本人の平均寿命は、二〇一〇年現在で男性七九・六四歳、女性八六・三九歳ですが、今後、男女とも引き続き延びて、二〇五五年には男性八三・六七歳、女性九〇・三四歳となり、女性の平均寿命は九〇年を超えると見込まれています（平成二〇年版高齢社会白書）。今世紀の半ば過ぎには、ついに「人生九〇年時代」が到来するのです。二〇一一年の人口統計を見ても、六五歳以上の高齢者が二九八〇万人に達して、総人口の二三・三％を占め、八〇歳以上の人口も八六六万人と九〇〇万人に近づきました。一〇〇歳以上の高齢者を、英語圏ではセンテナリアンと呼びますが、日本のセンテナリアンはこの年、四万七七〇〇人となり、女性だけで四万人を上回りました。この数字は、二〇年前に比べ一三倍、三〇年前の四七倍。集計が始まった一九六三年に比べれば、なんと三〇〇倍に増えたことになります。八五歳以上のオールデスト・オールドにも、まだ可能性に挑戦するチャンスがあるというのは、なんと素晴らしいことでしょう。

しかし、平均寿命が延びたからといって、ヒトという種の最大寿命（極限寿命）まで延びたと考えるのは、間違いです。平均寿命が延びたのは遺伝子のせいではなく、より良い食事や保健という環境改善を重ねたおかげですが、最大寿命というのは、ヒトの遺伝子が選択した結果ともいえるもので、その背景には数百万年にも及ぶ人類の進化の歴史が存在するのです。一〇〇年や二〇〇年で、そう簡単に変わるものではありません。

では、人間は最大限何歳まで生きられるのでしょうか。多くの本に書いてある一二〇歳までというのは本当でしょうか。ずばり答えを言いますと、ヒトの最大寿命は一一五歳前後。一二〇歳まで生きることは無理なようです。

ヒトの最大寿命を一一五歳と算定したのは、人間の細胞は五〇回分裂すると寿命が尽きるという「ヘイフリックの限界」を発見し、『人はなぜ老いるのか―老化の生物学』という名著を書いた、例のレオナード・ヘイフリックです。多くの哺乳類の最大寿命は、脳の平均重量と成体の平均体重に関係があり、体重に比べて脳が重ければ重いほどその種は長生きするという頭化指標説を彼は研究し、脳重量と体重から最大寿命を割り出す「方程式」をつくりました。そして、発掘された頭蓋骨の断片や、手に入るその他の骨を手がかりに、絶滅した霊長類の最大寿命をはじき出しました。ヒト科の頭蓋骨の寸法から予想される脳重量を計算し、残りの体の組織に対しても同じことをすることで、昔絶滅したヒト科の種の最大寿命がかなりよく推定できるのです。

そうした計算によると、約四〇〇万年から三〇〇万年前のヒト科祖先、アウストラロピテクス・アファレンシスの最大寿命は五七年、さらに進化した約二〇〇万年前のホモ・ハビリスになると約六八年に増えました。ヒトの体重に対する脳重量比の増加率はその後も増え続け、約一〇万年前、ネアンデルタール人の時代には、四〇〇万年前の最大寿命の約二倍、一一五年に到達しました。しかし、ヒトの体重に対する脳重量比はその後変化がストップしてしまい、最大寿命は一〇万年前と同じ一一五年のまま現在に至っているということです。

ヘイフリックは、こういう結果に基づき、「ほとんどの老年学者は、約一一五歳を超えるヒトの寿命を最大寿命として認めていない」と表明、「進化という尺度からすれば、人類の最大寿命は当然増えるが、その増加は数千年たってさえ微々たるものであろう。もし過去がなんらかの指標となるなら、ヒトの最大寿命が一二〇歳にまで達するには一万年以上かかるだろう」と、著書の中で書いています。

ヘイフリックの頭化指標説に対しては、マッカーサー財団からの援助基金で「サクセスフル・エイジング研究」をまとめたジョン・W・ローウェ、ロバート・カーン両博士が、「動物たちの最大寿命は、誕生から成熟までに要する期間のおよそ六倍になる」という性成熟年齢比例説を使って、「生物として完全に成熟するのが一八～二〇歳だとすれば、人間の最大寿命は一〇八～一二〇歳ということになる」（『年齢の嘘』）という説を述べていますが、人間の性成熟年齢を何歳とすべきかは、まだ議論の分かれるところです。性成熟年齢を「一八～二〇歳」から「一七～一九歳」と読み替えれば、推定最大寿命は「一〇二～一一四歳」となりますから、必ずしも一一五歳説が否定されたことにはならないでしょう。

ヘイフリック説にとってそれよりも予想外だったのは、一九九五年、一二〇歳と称するフランス人女性が現れたことです。一八七五年二月二一日に南フランスのアルルに生まれたジャンヌ・ルイーズ・カルマン夫人で、一二〇歳の誕生日に記者会見し、それから二年後の一九九七年八月四日に、一二二歳と六ヵ月の生涯を閉じました。彼女が本当に一二二歳だったとすれば、これまでの長寿記録は完全に塗り替えられ、「一二二歳」が人間の最大寿命ということになります。そうなると、ヘイフリックの一一五歳説は、「明白な事実」によって崩れてしまうことになります。

しかし、人類の祖先の骨を実際に計測・比較し、老年生物学の最高権威が打ち立てたヒトの最大寿命についての「科学的仮説」が、こんなに簡単に否定されていいものでしょうか。ヘイフリック理論では、到達するまで「一万年はかかるはずの一二〇歳」が、二〇世紀の末に早くも出てしまったことに、疑念が抱かれるのは当然の話です。一九八六年に一二〇歳で亡くなった日本の泉重千代さんのように、世界一の長寿記録ということでいったんギネスブックに掲載されたものの、その後の調べで戸籍上の記録に疑義が生じ、ギネスブックから抹消されてしまったというケースもあります（泉さんは実子を亡くした家庭の養子になったのですが、その際、自分より年上のすでに亡くなった人の戸籍に入ってしまった可能性が強く、享年一〇五歳というのが実際だったようです）。カルマン夫人の場合も、恐らくそれにあたるでしょう（詳細は補注参照）。

出生記録のはっきりしている最近の最高齢者（ギネスブックで世界一と認定されたもの）の記録を見ると、日本の皆川ヨ子さんは二〇〇七年八月に一一四歳で、ポルトガルのマリア・デ・ジュズスさんは二〇〇九年一月に一一五歳で死去しており、これまで一一六歳を超えて生きた人はいません。日本の細胞生物学の権威、高木由臣は著書『寿命論』（ＮＨＫブックス）の中で「平均寿命と百寿者数の増大にもかかわらず、最大寿命が一一六歳で頭打ち状態になるということは、砂の量が増えれば砂山が高くなるような統計的事象とは違って、最大寿命にはあらかじめプログラムされた超えることのできない限界があることを思わせる。その限界が種としての寿命に近いのではないかと思われる」と書き、「最大寿命は一一六歳」と結論づけています。

理想的な老い方―サクセスフル・エイジング

ヒトや動物の生存曲線というのをご存じだろうか。縦軸に生存率（％）、横軸に年齢（年数）の単位を記入し、年齢ごとの生存率を調べて、これをグラフにするのです。ヘイフリックの『人はなぜ老いるのか―老化の生物学』には、時代と国を異にするさまざまなヒトの生存曲線が紹介されていますが、これを見ると、ヒトの寿命の変遷がよく分かります。中世のような古い時代や未開発国においては、出生時とその直後に死亡が集中し、生き残ったものも三〇歳あたりから生存率はどんどん下がって行きます。このため、生存曲線は、出生直後から急降下し、生存率五〇％にあたる平均寿命以降はまた急カーブになりますから、全体として斜線に近くなり、縦軸と横軸に挟まれた三角形の一辺のように見えてしまうのです。ところが、時代が進んで現代の先進国になると、乳幼児と小児の死亡率が劇的に改善され、若者から命を奪った結核などの感染症も急に衰退して、その結果、この生存曲線は次第に直角に近づいてきました（三角形から四角形への変身です）。

生存曲線の直角化に最初に気付いたのは、レイモンド・パールというアメリカの老年学者だそうですが、生存曲線が直角化するということは、出生直後から高い生存率を保ち（若くて死ぬ人はいなくなり）、年をとってからも、多くの人が死ぬ直前まで、元気に生きているということを示します。現代の高齢社会は、老化に伴って発症する病気、例えば心臓血管系の病気やがん、アルツハイマー病などにかかるのを防いだり、かかるのを遅らせたりして、高齢者の生存率を大幅に改善し、人類史上では初めて、生存曲線の直角化に挑戦しているのです。

生存曲線の直角化は、老年学の目指すところでもあります。序章でも触れたように、「老年学」が目指す老年期の理想的老い方（サクセスフル・エイジング）は、「健康寿命を長くし、最後まで最適な生活の質を保つこと」です。そのためには、病気や障害におかされる時期を死の直前まで遅らせる必要があり、理想を言えば、死の直前までピンピンしていて、最後は、木が倒れるようにコロリと寿命が尽きる、という直角型の晩年が望ましい。長患いして寝たきりになったり、認知症で人間の〝抜け殻〟になったりして、長期間にわたり「介護に頼る晩年」を送ることは、何とかして避けたい、という思いが強いのです。心理療法の指導者、カール・ロジャースの言う「威厳を持って死ねるうちに患わずに死にたい」（『人間尊重の心理学』）という願望や、日本の高齢者たちに馴染みの深い「ピンピンコロリ」願望は、そういう思いの典型的表現といえるでしょう。

ヨーロッパでは、人生を四季に合わせて四つに分け、第一期の成長期（春）、第二期の成人期（夏）、第三期の老年期（秋）の次に第四期を設けて、「死を迎える時」を（冬）として表現する例がよく見られますが、現代のような超高齢社会では、晩年を（秋）と（冬）に分けて考えた方が、より分かりやすいかもしれません。サクセスフル・エイジングの考え方をこれにあてはめると、第三期の（秋）をできるだけ延ばして、人生の実りをたっぷり収穫し、第四期の（冬）は極めて短い期間で終わらせたい、ということになります。寿命ぎりぎりまで健康を保ち、自立した生活を送ることができれば、それも可能になると考えているからです。人生の〈冬〉の理想的な終わり方は、やはり「ピンピンコロリ」。長患いせず、周りに迷惑をかけないようにして、あの世に旅立つことです。

サクセスフル・エイジングが描く理想的最終晩年の形が、見るからに古臭い「ピンピンコロリ」の願望と同一であったということに、違和感を抱き、それを批判する人も少なくありません。そこには、誤解もあるようなので、いくつかの反対意見をとり上げてみることにしましょう。

反対論で一番多いのは、人間は体の自由を失ってから、最低でも数年間、介護を受けながら生きるのが〝現実〟だから、死の直前まで自立した生活を続けるには無理がある。いわんや、ピンピンコロリは宝くじにあたるようなもので、無用の期待を抱かせるべきではない、という意見です。「人は老いると、歩行、食事、排泄、入浴の日常最低限のことを誰かに介助してもらって生きるほかはないのである。誰の世話にもならず、自力で生きると強がってみても、それは不可能なのだ」（佐江衆一『老い方の探求』）、「一人で外出できなくなる時から人生の晩秋期がはじまる。その期間は数カ月ではなく、数年続くものと覚悟すべきだ。宝くじにあたるようなピンピンコロリはあてにはできない」（吉田春樹『老老介護』）などという文章が、その代表的なものです。

確かに、特別養護老人ホーム（特養）など老人施設を見ると、そこには病弱・障害老人が満ちあふれています。ホーム入所者の九割は認知症で、認知症の場合は、脳中枢の機能は障害を受けていても、肉体の機能は保たれているので、徘徊し、周囲と衝突しながらも、なお生き続けます。やがて嚥下機能が低下して誤嚥性肺炎を起こすようになり、経口摂取が無理になると、今度は経鼻胃管や胃瘻（ろう）を使って栄養補給をします。つまり、人為的に延命させるわけで、特養「芦花ホーム」の石飛幸三医師の著書によると、経管栄養を続けて、六年間に七回も肺炎でホームと病院間を行き来し、九四歳まで生きた認知症の男性もいたそうです。本人の意思ではないにしても、これではピンピンコロリなど望むべくもありません（石飛幸三『「平穏死」のすすめ』講談社）。

こうした老人施設に見られる〝現実〟は、私たちに恐ろしい老衰神話を抱かせます。「長生きするほど寝込む期間は長くなる。自分たちも、いずれはこのように体の自由を失い、死ぬまで何年間も、他人の介護に身を任せるのだ」という思い込みが、そこから生まれます。伴侶のいない単身者の場合は、特にそれが顕著で、まだそれほど高齢でもないのに、深刻な介護不安におびえている人が予想以上に多いのです。

しかし、こうした〝現実〟は、すべての高齢者のものではありません。特養ホーム入居者は四一万人、入居を待つ待機者は四二万人といわれますが、六五歳以上の高齢者は全国で二九八〇万人、七〇歳以上だけでも二一九七万人もいるのです。統計的に見ると、六五歳以上の高齢者のうち、要介護老人は二五％、このうち施設に入居している障害老人は五％前後です。つまり、全体の九五％は一般の在宅老人だということを忘れてはなりません。長生き＝要介護状態と思うのは間違いなのです。これまでの調査が特養ホームの入居者に限られていたため、特別に障害期間の長い入居者の状況を、そのまま一般の高齢者の終末期に重ね合わせてしまい、こうした誤解が生じたのでしょう。

問題は、末期の終末臨床期間（ついの看取り期間）ですが、九〇歳以上の長寿になると、死ぬまでの看取り期間は極めて短くなります。百寿者で有名だった成田きんさんは病臥してからわずか半日で、蟹江ぎんさんは数日で亡くなっています。一九九五年に、旧厚生省が一ヵ月間に亡くなった六五歳以上の約五〇〇〇人の介護状況を調べたところ、寝たきり状態になったのは死亡の三年前というのが七・七％だったのに対し、一ヵ月前というのが五三・八%と過半数を占め、死亡の前日にも生活自立できたという人が一二・一%もいました。文字通りのピンピンコロリ死が、六五歳以上の死者全体の一割以上を占めたという点に注目すべきです。

「ポックリ死」について医師の体験をまとめた佐藤琢磨『ポックリ死ぬためのコツ』(アスペクト)によると、ポックリ死ぬためには、脳と体の老化を一致させればいい。具体的には、かなり高齢になるまで脳と体を鍛えて、健康で長生きすることが、「ポックリ死に至る一番の近道」なのだそうです。

「自立して活動できる時期」をできるだけ長く延ばし、「寝たきりで介護される時期」をできるだけ短くしたいという「サクセスフル・エイジング」の考え方は、時として、優勝劣敗の欧米思想と誤解され、年老いた弱者をすべて救済するという社会福祉の精神に反すると、批判されることもあります。「ピンピンコロリ主義はファシズム」と決めつけ、「アメリカ生まれのサクセスフル・エイジングは、アンチエイジングの思想だ」と攻撃する社会学者の場合を見てみましょう(上野千鶴子『おひとりさまの老後』法研)。

彼女がピンピンコロリ主義を嫌うのは、「介護を他人事の一般論として扱い、自分の身の上に起きる可能性については、ふれないように避けて通っているとしか思えない」

からだそうです。「病気になっても、寝たきりになっても、その状態で生きつづけていられることこそ文明の恩恵。たとえ要介護度5になっても生きていられる社会に生まれたことを、なぜ喜ぶ代わりに、呪わなければならないのか」と彼女は言います。そして、「いかに介護を受ける状態を避けるか、そうならないためにはどうすればよいかを説くPPK主義」は、「少しでも社会のお荷物になりそうなもの、規格はずれの異物を排除しようという〝人間の品質管理〟の思想」であって、これこそ「ファシズムでなくてなんだ」と叫ぶのです。

彼女によれば、このPPK思想に近いのが、老年学の「サクセスフル・エイジング」で、「中年期を死の直前まで延長しよう」という考え方は、「老いを受け入れたくない」「回避したい」というアンチエイジングの思想そのものだ、ということになります。「老いに、サクセスがあるなら、失敗もあるってことだろうか。〝勝ち犬〟〝負け犬〟みたいに、死ぬまで〝勝ち老い〟〝負け老い〟がつきまとうなんてぞっとしない」と彼女は書いています。

彼女は、『老いる準備』(学陽書房)という著書の中でも、老年学を「老人問題を扱う学問」と低く位置付け、「老年学から向老学へのパラダイム移行」を主張していましたので、もともと老年学に対して偏った先入観を抱いていることは確かで、それがこのような激烈な表現になって現れたのだと思います。彼女は、「死ぬ間際まで、健康で生き生きと自立した生活を送りたい」という「サクセスフル・エイジング」の願いを、全く理解していません。ボケて人間の〝抜け殻〟状態になっても、寝たきりで全く動けなくなっても、ただ、生きてさえいられればいい、どんな生き方をするかに関係なく、ただ寿命を延ばそうとする考え方こそ、アンチエイジングではないでしょうか。

「サクセスフル・エイジング」の考え方によれば、「生きていることが目標ではなく、充実して生きることが目標」（セネカ）なのです。決して、「介護されること」を排除しようとしているわけではありません。同じ高齢期でも、比較的に若い時期に障害を持つと寝込みの期間が長くなり、「介護されるだけの自分」になってしまいますから、できるだけ心身の健康を保って病気や障害から身を守り、死ぬ間際まで充実した「活動期間」を延ばそうと、「上手な老い方」＝成功加齢を提案しているのです。

人間の老化は、遺伝の影響が三割以下で、七割以上は環境と生活習慣に左右されるのですから、「上手な老い方」を身に付けたものは、健康な状態を保ったまま長生きすることが可能になります。つまり、「地雷」に触れることなく、無事「地雷原」を通過して、「幸せで健康な人」になれる道が開かれているのです。この場合、「成功」という言葉が意味するのは、自分の意志の力とそれを実行する努力を重ねて、「正しいライフスタイルを確立できた」ということであって、彼女が指摘するような勝ち負けの評価や、〝人間の品質管理〟の思想などとは、全く無縁だということがお分かりでしょう。

彼女にぜひ読んでもらいたい文章があります。「老いの神話」からの脱却を叫び続け、二〇〇六年に八五歳で亡くなったアメリカの心理学者ベティ・フリーダンが書いた次の一節です。

「私は、老いと死に対する恐れや否定とまともに向き合い、これを克服したい。最後の数年を、家や友人や社会から隔離され、お決まりの終末医療で延命するような無意味な努力で浪費することは拒否する。これによって、自分自身の老後を生きるという、これまではできなかった新たな冒険に踏み出すことができるのだ。自分自身を解放するには、もう駄目ですよという診断を受けるまで待つ必要はない。六五歳、七〇歳、七五歳、八〇歳、九〇歳まで生きるかもしれないが、遅かれ早かれ、確かに死ぬという現実に今から向き合っていればよい。唯一の大きな問題は、残された日々がどのくらいであろうとも、いかに生きようかということだけである。死ぬときまで生き生きと過ごすには、どのような冒険、新しい体験を始めることができるだろう。老年期自体が未知の領域、冒険なのではないだろうか。」（『老いの泉』山本博子、寺沢恵美子訳・西村書店）

［補注］カルマン夫人「一二二歳」の疑惑

カルマン夫人の場合、一二二歳を証明する証拠として存在するのは、夫人とその家族の出生、結婚、死亡証明書と四〇代のころの写真、それに彼女の証言です。彼女は結婚して一児（娘）をもうけましたが、彼女の夫は一九四二年に、兄は六二年に死亡して年長の近親者はいなくなり、娘も一九三四年に三六歳の若さで死に、たった一人の孫も一九六三年に三六歳で死んでいます。つまり、彼女が若かった頃を知っている者も、彼女の思い出話を直接聞いた者もすべて死んでいて、彼女の年齢を裏付ける近親者の証言は皆無なのです。かかりつけの病院の記録のような証拠書類でもあればいいのに、それに該当するようなものは見つからず、晩年には一本残らず歯が抜けてしまっていたので、歯医者の記録も利用できませんでした。結局、調査に当たったフランス人の疫学者ジャン・マリー・ロビンヌと医師ミシェル・アラールは、彼女たち一家の出生、結婚、死亡の証明書を調べて、それが「つじつまが合っていて、疑わしい点はない」ということを根拠に、カルマン夫人が本当に一二二歳であったと結論づけたのだそうです。

記録によると、彼女は、一一五歳のときに転倒して両側の大腿骨を骨折してから車いすの生活を送り、目も見えず、ほとんど耳も聞こえなかったが、記憶力だけはしっかりしていたらしい。一〇代の頃、画材店で働いていて、絵具を買いに来たゴッホと会ったそうで、「汚くて、服装がだらしなく、不快な人」と、その印象を語っていたという。確かにゴッホは、一八八八年に一年間だけアルルに滞在していましたから、その証言はすっかり信用され、アルマン夫人が記録破りの長寿であることを証明する決め手になりました。

しかし、アルマン夫人のこうした経歴に疑惑の目を向けた人がいました。独自の老化理論をたてたことで有名なイギリスの老年生物学者トム・カークウッドもその一人です。彼は、その著書『生命の持ち時間は決まっているのか』の中で、「意地悪な見方をすれば、一連の記録の中に、年齢をごまかそうと思えばごまかせた箇所が一つだけあった。それは、一九三四年の娘の死である。このとき、実際に死亡したのは母のほうで、娘が母になりすましていると考えることができなくもない」と書いています。確かに、この時は母と娘が入れ替わることのできた唯一のチャンスで、もし入れ替わったとすれば、三六歳の娘が五九歳で死んだ母になりすまし、それから一九九七年まで六三年間生きたことになります。だから、本当のところは、一二二歳ではなく九九歳で死んだということになるのでしょう。

娘と並んで写っている四〇代の写真を見ると、二人は見分けがつかないほど似ていたというから、娘が親に化けるのは、そう難しいことではありません。ゴッホの昔話も、母から聞いたことを思い出して話したものと考えられます。彼女が「八五歳でフェンシングを始めた」とか、一〇〇歳で自転車に乗っていたというエピソードも、一二三歳のサバを差し引いて考えれば、初めて納得できます。また、彼女がヘビースモーカーで、亡くなる二年前、「視力が衰え、タバコに火をつけるよう付き人にお願いすることに気を遣ったためタバコをやめた」のだそうですが、考えてみればこれもおかしな話です。

これまでのセンテナリアンの調査で、ヘビースモーカーの一〇〇歳長寿者は滅多にいませんから、彼女が一二〇歳でタバコをやめたというのはウソで、実際は、九九歳で死ぬ二年前、九七歳まではタバコを吸っていたというのが真相なのではないでしょうか。

カルマン夫人が意図的に年齢をごまかそうとしたのかどうか、もしそうだとすれば何が目的だったのか、今となっては想像するしかありませんが、結果的に見ると、一九六三年までに彼女を知っている近親者がすべて死亡して、秘密を口止めする必要がなくなりました。すると、二年後の一九六五年に弁護士と死後の財産の相続契約を締結、それが巨額の富を彼女にもたらしました。トム・カークウッドによると「カルマン夫人が長寿によってかなりの利益を得た」そのいきさつは次の通りです。

相続契約をした相手は、アンドレ・フランソワ・ラフレイという弁護士で、契約内容は、カルマン夫人の死後、彼女のアパートを弁護士が相続する代わりに、彼女が生きている間は一ヵ月あたり五〇〇〇ドルの年金を支給するというものでした。その時、カルマン夫人は九〇歳と自称していましたから、弁護士にとってこれは有利な契約になるはずでしたが、彼女が予想外に長生きしたので、弁護士の方が先に死亡してしまい、契約によって、年金の支払い義務が弁護士の遺族に引き継がれました。結局、弁護士一家は、彼女が死ぬまで三二年間も年金を払い続けたことになり、その支払総額はアパート資産額の三倍にも達したそうです。

現時点では、彼女やその親戚の遺体を墓から掘り出し、DNA鑑定をしてまで記録の信憑性を確認しようという話は出ていないので、一二二歳という長寿記録を黙認するほかありませんが、これから先、もし彼女と同じか、あるいはそれを上回る長寿者が出現してこなかったら、そして、「一一五歳」の限界を破ったのが彼女だけだと分かったら、あらためて「一二二歳」に疑惑の目が向けられることは確実です。

第二章　いかにして病気を防ぐか（上手な老い方①）

「年をとる技術」についてアンドレ・モーロアは、人生論的エッセイの傑作『人生をよりよく生きる技術』（中山真彦訳・講談社学術文庫）の中で次のように書いています。

「年をとる技術とは、老いがもたらす苦しみや病いと闘う技術であり、また、そういった苦しみや病いにもかかわらず、われわれの人生の終わりを幸福な時期として過ごすことである――」老年には必ず不幸と病いがつきまとうと思うのは間違いで、決してあきらめたり、投げ出したりしてはならない。「上手な生き方」をすれば、心身ともに健やかでゴールに到達することが可能だというのがモーロアの考えなのです。

アメリカのマッカーサー財団研究グループのジョン・W・ローウェ（マウント・サイナイ医科大学長）とロバート・カーン（ミシガン大学名誉教授）が一九九八年に研究成果として発表した『サクセスフル・エイジング』（邦訳名『年齢の嘘』関根一彦訳・日経BP社）も、人間が「強くそれを望み、計画し、努力するならば、質の高い生きとした、病気と無縁の老後を送れる」ことを立証しています。この研究では、「サクセスフル・エイジング」（成功加齢＝健康、体力、活力を維持しながら年齢を重ねていく過程）を可能にする決定的な要素として、「病気を防ぐ」「心身機能を高く保つ」「積極的に社会にかかわる」の三つをあげていますので、まず最初の「病気を防ぐ」から検討してみることにしましょう。

地雷原の正体

老年期という「地雷原」で待ち構えている「危険」には、さまざまなものがありますが、その最大のものは「病気」です。中でも厄介なのは、がん、心臓病、脳卒中の「三大病」でしょう。老年生物学の第一人者、アメリカのレオナード・ヘイフリックは、「すべての死の三分の二が六五歳以上で起こる。これまでのところ、心臓病、がん、脳血管病（脳卒中）の三つの病気が、六五歳以降に死ぬすべての人々の約七五％の死因となっている。二〇世紀初頭以来の生物医学の成果とより良い衛生的な環境の提供が非常に多くの死因をなくしたので、特別な現象が見られるようになったのである。六五歳に達した後に私たちがどのように死んでいくかは、ほぼ三つの可能性にしぼられてきた。すなわち、がん、心臓病、脳卒中である！」（『人はなぜ老いるのか―老化の生物学』）と書いています。

日本の場合はどうでしょうか。二〇世紀の前半は、伝染病などの感染症の時代で、特に結核が猛威を振るいましたが、二〇世紀の後半からは、抗菌薬の目覚ましい開発と公衆衛生の普及で、結核をはじめとする感染症による死亡は激減、アメリカと同じようにがん、心臓病、脳卒中による死亡が増えてきました。念のため、二〇〇七（平成一九）年の厚生労働省人口動態統計調査から、現在の日本人の死因を調べてみましょう。この年、全国の死者総数は一一〇万八〇〇〇人でしたが、死因の第一位はがんで、三三万六〇〇〇人、第二位は心疾患（心臓病）の一七万五五〇〇人、第三位は脳血管疾患（脳卒中）の一二万七〇〇〇人、第四位は肺炎で一一万人でした。それ以下はぐんと数が少なくなり、第五位の不慮の事故死三万八〇〇〇人、第六位の自殺三万八〇〇〇人、第七位の老衰が三万七〇〇〇人となっています。

これで分かるのは、純粋に老化だけが原因で死ぬ人がいかに少ないかということです。九〇歳以上で、病状所見がないまま死亡した場合が老衰とされるのですが、その数は死者全体のわずか二・八％に過ぎません。それに比べて、がんによる死者の割合は三〇・三％、心疾患は一五・九％、脳血管疾患は一一・五％、肺炎は一〇％を占め、これだけで六七・七％に達します。つまり、死者の七割近くが、この四つの病気で死んでいることになり、そのうち六割はがん、心臓病、脳卒中が原因なのです。

欧米と比較してみると、「三大病」が死因の大半を占めるのは同じですが、日本ではがんで死ぬ人が異常に多いという点が気になります。欧米では心疾患が死因のトップで、脳血管疾患と合わせた循環器系の病気による死者が四割近くを占めているのに対し、日本では心疾患と脳卒中を合わせても二七・四％で、がんの三〇・三％には及びません。がんによる死者の割合は、アメリカが二三％前後、ドイツが二五％前後、イギリス、フランスが二六％前後で、三〇％を超えるのは日本だけです。がんが、脳卒中と心臓病を抜いて死因のトップになったのは一九八一（昭和五六）年のことですが、それ以来増加傾向が続いて首位を譲らず、二〇〇七年には前年より一万六〇〇〇人も増えてしまいました。

ヘイフリックは、六五歳を過ぎたら、心臓病、がん、脳卒中のいずれかで死ぬ可能性が高いと指摘しているのですが、日本人の場合は、一番怖いのはがん、二番目は心臓病、三番目は脳卒中と肺炎ということになるでしょう。がんの発症のピークは六〇代から七〇代ですから、この時期が一番危ない。がんにかからず、また、がんにかかってもうまくそれを切り抜けることができた人だけが、八〇歳代に到達できるのです。八〇歳代になると、がんの危険度はずっと低下しますが、まだ安心はできません。今度は心臓病、脳卒中、肺炎で死ぬ割合が多くなり、九〇歳以上では肺炎が死因のトップになっています。

直接、死因として表面に出てこないため、ヘイフリックは特に取り上げてはいませんが、八〇歳以上の長命の高齢者を襲う認知症のことも忘れてはなりません。「三大病」を免れて、やっと「長寿」にたどり着いた人たちにとって、一番恐ろしく、一番かかりたくない病が、実は認知症なのです。認知症で最も多いアルツハイマー病は、原因がまだ特定できず、治療薬も存在しないという「今世紀最大の難治性疾患」で、これにかかって重症になれば、もう回復は不可能です。家族に散々迷惑をかけたあげく、最後は施設に送られ、二度と人間性を取り戻すことのないまま、惨めな死を遂げることになります。

厚労省の人口動態統計調査では、アルツハイマー病による死者は二五九二人としか記録されていませんが、これは、認知症が直接の死因とされることが少なく、併発の肺炎やその他の感染症、がんや心臓病などが主原因とされるためでしょう。人口の高齢化とともに、アルツハイマー病を含む認知症の患者は年々増えており、二〇一〇年の二〇〇万人が二〇二五年には三〇〇万人を超えると予想されています。認知症の患者は、平均して六五歳から五歳ごとに倍増するというデータがあり、八〇～八四歳で一四％、八五～八九歳で二三％、九〇～九四歳で三二％、九五～九九歳で四五％となり、一〇〇歳以上では二人に一人が認知症になるといわれています（小澤利男『老年医学と老年学　老・病・死を考える』ライフ・サイエンス）。

がんにしても、認知症にしても、人間が年をとったためにかかる病気です。もし、世間の人が思っているように、病気の原因が「老化」であり、「老化＝病気」ということであれば、年をとって「三大病」や認知症になることは「避けられない運命」と覚悟するほかはありません。そこで、予防よりも治療の強化に力を入れ、最終的には公的機関による「完全介護」を求めることになるのですが、老年学の考え方は、これと違います。第一章でくわしく説明しましたように、老化は「自然な生理的変化」であって、病気ではありません。従って、「老化」そのものを止めてしまうことはできませんが、病気の進行には、生き方や生活習慣が深く関係していますから、それを改善することによって病気の発症を防いだり、遅らせたりすることは可能だと考えるのです。

老年学者たちの研究によって、病気の発症は遺伝子だけで決まるわけではなく、食べ過ぎ、飲み過ぎ、栄養不良、喫煙、運動不足、知的活動の不足といった生活習慣のほうが、むしろ主要な原因になっていることが分かってきました。健康長寿の人々は、みな良い遺伝子を持って生まれてきたわけではありません。遺伝的体質による老化現象は、実のところ全体の三割にも満たず、しかも、遺伝の影響は、年齢を重ねるにつれてさらに低下していきますから、高齢者が病気になるかならないかは、どこでどのような生活を送るかにかかってきます。だから、悪い生活習慣を改め、禁煙やほど良い食事、適度な運動など健康に良い習慣を続けるならば、「病気を防ぎ、老化の歩みを遅らせる」ことが可能になる。そうすれば、念願のサクセスフル・エイジングへの道が開けると、老年学は教えるのです（ジョン・W・ローウェ、ロバート・カーン『年齢の嘘』関根一彦訳・日経BP社）。

がん、心臓病、脳卒中の「三大病」も、認知症も、潜伏期間の長い慢性病です。体に悪い生活習慣を多年にわたって繰り返してきたため、高年齢になってついに発病に至る、いわゆる「生活習慣病」の一種ですから、生活習慣の改善次第で、その発症を遅らすことは可能なはずです。そこで、どんな生活習慣を選べばいいのか、具体的に考えてみましょう。

病気を防ぐ七つの習慣（一）

「生活習慣病」の名付け親は、一〇〇歳の長老・日野原重明ですが、厚労省が「成人病」という呼称を改め、正式に「生活習慣病」という呼称を使い始めたのは、一九九六（平成八）年になってからです。それ以来、世間の生活習慣病に対する関心も高まり、書店にはさまざまな対策本が出回りました。専門の違いによって、学者たちの見解も分かれ、どの意見をとればいいのか、私たちを迷わせることもしばしばです。そこで、ここでは、私が七〇歳の時以来〝基準〟としてきた「七項目の生活習慣」を紹介し、その実際的効果を検証してみることにしました。

この「七項目の生活習慣」は、アメリカの健康法解説書には必ず登場する「ブレスローの七つの習慣」と呼ばれるもので、カリフォルニア大学教授のL・ブレスローが一九六五年に発表したものです。同教授は、カリフォルニア州アラメダ郡の住民七〇〇〇人を対象に、九年間にわたって健康調査を行い、七項目の生活習慣の有無が死亡率を左右することを、年代別に実証してみせました。実行している項目数が多い人は少ない人より、病いにかかる率が少なく、寿命が長いというのですから、誰もが注目しました。日野原重明も、「習慣が人間をつくる」とし、著書『生きるのが楽しくなる15の習慣』(講談社)の中で「ブレスローの七つの習慣」を紹介しています。「七つの習慣」は次のような内容です。

① 喫煙をしない。
② 飲酒を適度にするか、または全くしない。
③ 定期的にかなり激しい運動する。
④ 適正体重を保つ。
⑤ 七~八時間の睡眠をとる。
⑥ 毎日朝食をきちんととる。
⑦ 不要な間食をしない。

一見すると簡単な内容ですが、実際問題として、この「七項目」をすべて実行できる人は、そんなに多くはいないかもしれません。ブレスローの調査では、一項目か二項目実行できなくても、死亡率はそう下がりませんが、三項目以上が不実行となると、病気になる確率は急上昇するそうですから、要注意です。

日野原重明の場合を見ると、就寝が午前一時以降になることが多く、睡眠は一日平均五時間。朝も、時々午前七時半からの会議に出かけるので、しっかり朝食はとれず、牛乳とコーヒー、オリーブ油入りのジュースをとるのがやっと。つまり、⑤の睡眠と⑥の朝食いずれも落第というわけです。この点について日野原は「この習慣を守れない人は、日常生活における健康チェックの習慣をつける必要があります。私は、体重計、体温計、血圧計をそろえておき、体重や血圧などは、できれば毎日計って、最低限のヘルスチェックに心がけています」と書いています。

私の場合は、⑦の間食だけが落第。それ以外の六項目はすべてＯＫでした。私の経験によると、七項目の中で特に重要なのは、①②の禁煙と節酒、③の運動、④の適正体重の四つです。順次、その重要性を解説することにしましょう。

一、「喫煙をしない」

世間に流布されている「病を防ぐ生活習慣」のリストは、それこそ多種多様ですが、喫煙をもって「最大の危険因子」とする点において、すべて一致しています。

アメリカの保健福祉省は二〇〇四年に、九四一ページにわたる報告書を公表し、喫煙による健康障害の状況を明らかにしましたが、それによると、口腔、喉頭、肺、食道、胃、膵臓、腎臓、ぼうこう、子宮頸部などのがんのほか、腹部大動脈瘤、動脈硬化、脳卒中、心筋梗塞などの冠動脈疾患、慢性閉塞性肺疾患、肺炎などの呼吸器疾患、さらに、乳幼児突然死症候群、女性の不妊、白内障、胃十二指腸潰瘍などが、喫煙によって発病リスクが上昇すると〝断定〟しています。また、最近になって、喫煙がアルツハイマー病のあらゆる危険因子を持っていることも判明しましたので、「喫煙をしないこと」が、病気から身を守る最重要ポイントになってきたのです。

これまでの疫学研究によると、すべてのがんのすべての発生要因のうち、三〇％がたばこに起因するとされ、もしこの世にたばこというものがなければ、すべてのがんのおよそ三分の一は、初めからなくて済んでいたであろうとさえいわれています（小林博『がんの予防』岩波新書）。喫煙が、がんの原因となるのは、たばこの煙の中に含まれる発がん物質のせいです。これらの発がん物質は四三種類もあって、煙が直接接触して作用するほかに、肺や消化管から吸収されて血液中に入り、胃、膵臓、腎臓、ぼうこうなどに作用します。従って、直接作用を受ける咽頭、肺の発がん性が高く、次に口腔、食道、舌などが発がんの対象となるのです。一日に五〇本以上たばこを吸う人の肺がん発生率は、非喫煙者のなんと一四から一五倍。毎日二〇本の紙巻きたばこを吸い続ける喫煙男性を一生追跡した結果、一〇％が肺がんで死亡すると推定されています。だから、喫煙は「緩慢なる自殺」とも呼ばれていて、たばこを一本吸うと五分三〇秒寿命が縮まり、喫煙者は非喫煙者に比べて五〜八年も早死にするといわれます（斉藤嘉美『日本人に多いガンから身を守る』ペガサス）。

喫煙は、がんだけではなく、心筋梗塞や脳卒中などの最大の危険因子です。ですから、高血圧、高脂血症を抱えた人が喫煙すると、九倍も高い確率で心臓病にかかり、死亡するといわれています。ニコチンは血管を収縮させる作用があり、吸えば吸うほど血流が悪くなり、酸素不足になります。その上、脂肪分解酵素リパーゼの働きを悪くするので、心臓は激しく動き、脂肪は燃えずにダブつき、血圧はどんどん高くなって、突然死の危険さえ招いてしまうのです（森谷敏夫『メタボにならない脳のつくり方』扶桑社新書）。

実を申しますと、我が家でも、父と兄と妹の三人が、喫煙のもたらした病気で亡くなっています。死因は父が脳梗塞、兄は肺がん、妹は心不全でしたが、三人ともヘビースモーカーでした。妹の場合は、まだ七〇歳を過ぎたばかりで、美術史の論文で博士号をとった直後の急死でしたから、誰もが死因に首をかしげたのですが、今考えてみれば、ニコチンの過剰摂取による典型的な心臓死だったのです。父親がそうだったように、書斎での彼女は、終始たばこの煙に包まれていたようで、死後机の周辺からは、大きな袋に入ったライターの山がみつかりました。

私の家族はきょうだい五人ですが、兄と妹は喫煙派、姉と弟は禁煙派。真ん中の私は、父親の影響を受けて学生時代からたばこを吸っていましたが、四〇歳のとき、妻や娘の頼みを聞き入れてキッパリやめ、禁煙派に入りました。結局、喫煙派の兄と妹は、七〇代で病死し、禁煙派の姉と私は無事八〇代に到達しました（禁煙派の弟も、まもなく八〇代に入ります）。たばこを吸うか、吸わないかの違いが、その明暗を分けたと言ってもいいでしょう。

二〇〇九年にアメリカがん協会などが発表した報告書によると、たばこの喫煙により、世界では毎年六〇〇万人が死亡しているそうです。このうち二〇〇万人以上がたばこが原因のがんによる死者でした。この報告書は、たばこへの課税強化、広告の禁止、公共の場での禁煙などの措置をとれば、死者を減らせると勧告していますが、果たしてどうでしょうか。政府の無策のせいにしても、日本の成人男性の喫煙率が三六・八％と、先進国の中で群を抜いて高いのが、やはり気にかかります。

二、「飲酒を適度にするか、または全くしない」

「飲酒」については、個体差があるため、喫煙のように一律禁止というわけにはいかないようです。また、飲む量によって天と地ほどの違いがあるため、昔から、その「飲み方」が論議の的になってきました。私が「養生法」のお手本とした貝原益軒の『養生訓』でも、巻四に特別のコーナーを設けて「飲酒」を論じ、「酒は微酔（ほろよい）に限る」と述べていますが、これは、ブレスローの「七つの習慣」と同じ結論です。

「酒は天の美禄という言葉がある。少し飲めば陽気を補助し、血気をやわらげ、食気をめぐらし、愁いをとり去り、興をおこしてたいへん役にたつ。またたくさん飲むと酒ほど人を害するものはほかにない。ちょうど水や火が人を助けると同時に、またよく人に災いをするようなものである。（中略）人の病気で酒のためにおこるものが多い。酒をたくさん飲んで飯を少ししか食わぬ者は命が短い。このようにたくさん飲むと天の美禄でかえって身をほろぼす。悲しいことである」と、益軒は書いています（松田

道雄責任編集・現代語訳『貝原益軒』中央公論社)。

最近の研究でも、グラス一、二杯のワインや日本酒をたしなむ程度であれば、狭心症や心筋梗塞を予防する効果があり、全く飲まないという人より長生きするという調査結果が出されているそうですが、ヘビードリンクが習慣になって、一日に三合以上の飲酒を続けていると、脳卒中や食道がん、大腸がん、乳がんになるリスクが上昇し、確実に寿命を縮めることが分かっています。WHO(世界保健機関)やIHS(国際高血圧学会)の指針では、アルコールは一日に二〇~三〇グラム以内(二八グラムが日本酒約一合に相当)と明記されています。益軒が言うように、「少し飲んで、少し酔うホロ酔いで楽しむのが、一番の酒の飲み方なのでしょう。

ところで、益軒は『養生訓』の中で、「自分の地方の人を調べたところ、長生きした人は十人のうち九人はみな酒を飲まない人だった」と書き、酒飲みに長命の人はまれだとしていますが、この点はどうなのでしょうか。一〇〇歳以上の長寿者二八五一人からの回答をまとめた平成五年「長寿者保健福祉調査」によると、一番多いのが「もともと飲まない人」で七二・九%でしたが、「今は飲まないが、以前は飲んでいた人」が一四・六%、「今も飲んでいる人」が一一・六%(男性は二三・七%)もいました。「今も吸っている人」がわずか三・七％しかなかった喫煙の場合とは違い、男の一〇〇歳以上長寿者の約二割は、今もお猪口程度の酒を楽しんでいるようです（佐藤富雄『百歳、百人、百様の知恵』実業之日本社）。

病気を防ぐ七つの習慣（二）

三、「定期的にかなり激しい運動をする」

厚労省の掲げた健康標語に「一に運動、二に食事、しっかり禁煙、最後にクスリ」というのがあります。四番目にクスリを持ってきたのは気に入りませんが、後半生の慢性疾患を防いだり遅らせたりする上で、運動と食事が最重要であることは間違いありません。特に運動は、冠動脈心疾患、脳卒中、糖尿病、肥満、骨粗しょう症などを防ぐ最良の方法とされており、最近は、大腸がん、子宮がん、子宮体がんなどのがんや、認知症などの予防にも効果があることが分かってきました（詳細は第三章で触れます）。

ローウェ、カーンの『サクセスフル・エイジング』でも、「老化の歩みを遅らせる秘訣は欠かさず運動することである」とし、「運動は元気で長生きする最高の手段であり、運動と健康の間には、ごく単純な基本的関係が存在する。欠かさず運動して体を鍛えると、死亡リスクが低くなるのである。運動が病気予防に発揮する効果は、相当高齢になっても持続する。例えば、四万人を超える閉経後の女性を七年間にわたって研究したところ、欠かさず運動していた女性は、あまり体を動かさなかった女性より、死亡確率が二〇％も低かった」と書いています。

（私の場合も、できるだけ毎日、外に出かけるようにしており、少なくても一日五千歩、多いときは一万歩程度歩くことにしています。その効果は、やはり抜群です）

四、「適正体重の維持」

適正体重の維持は、高血圧、高脂血症、肥満、糖尿病を防ぐための基本とされていますが、何をもって適正体重とするかで、その対策も違ってきます。現在、日本で繰り広げられている〝メタボ退治〟の運動は、高齢者の現実と合わないところから、さまざまな誤解や混乱を引き起こしてしまいました。そこでここでは、人間総合科学大学保健医療学部学部長で日本応用老年学会理事長の柴田博が老年学の立場から書いた

『メタボ基準にだまされるな！』（医学同人社）という本を参考に、長生きを可能にする〝適正体重〟を考えてみることにしましょう。

そもそも日本人に「痩せれば長生き」という〝信仰〟が生まれたのは、いつごろからなのでしょうか。柴田理事長によると、一九五〇年にアメリカのメトロポリタン生命保険協会が発表した「肥満度が高いほど死亡率が高い」という研究結果がきっかけとなり、「ベルトの穴が一つ増えると寿命が○年縮まる」といったキャッチフレーズが一気に世界中に広まったのだそうです。日本でも、来日したオードリー・ヘップバーンやツイッギーなどの人気が痩せ信仰に火をつけ、その信仰はいまだに衰えをみせません。

しかし、肝心のメトロポリタン生命保険協会のデータは、一九八三年になって全面改訂されています。一九五四年から七三年までの保険加入者のデータを分析したところ、死亡率が低く、最も長生きしたのは、肥満でも痩せでもなく、肥満度が中庸の人であることが明らかにされたからです。その後、国の内外で数多くのコホート研究が行われていますが、「痩せれば長生き」が証明されたことは一回もなく、痩せ過ぎは危険であることを示すものばかりです。日本人の場合は、ＢＭＩ二四～二七・九（ＢＭＩ

は体格指数で、体重（kg）を身長（m）の二乗で割った数字）の人が、男女とも最も死亡率が低く、ＢＭＩ一九・九以下の痩せた人と、ＢＭＩ二八以上の肥満の人は、ともに最も死亡率が高いというU字形を描いています（日本循環器管理研究協議会の報告書）。

痩せ信仰の根拠が、すでに根本から崩されているのに、いまだに「痩せろ、痩せろ」の大合唱がやまないのはなぜか。日本肥満学会が二〇〇〇年に、ＢＭＩ二二を標準とし、二五以上を肥満と判定したこと、さらに、二〇〇五年に公表されたメタボリックシンドロームの診断基準で、男性の腹囲八五センチ以上を肥満にしたことも関係しているでしょう。この基準では、最も死亡率の低い群の過半数が肥満に分類され、最も長生きする人たちに肥満という病気のレッテルを張り付けてしまうことになります。また、男性の腹囲八五センチというのは、ＢＭＩ二三・五に相当し、四〇歳代の男性の中央値なのだそうですが、この数字では、長生きする中高年者の半数は〝異常〟とされてしまいます。

これから老年期に向かう人たちにとって必要なのは、痩せることではなく、「死亡率を最低にできる肥満度」を維持することです。ＢＭＩが三〇以上だと虚血性心疾患のリスクが高まり、逆に、ＢＭＩが一九以下に痩せれば、肺炎などで命を落とす確率が高くなります。これに対し、ＢＭＩを中程度に高く保てれば、筋肉、骨、脂肪組織の減少を防ぎ、老化の歩みを遅らせる効果が期待できるのです。

（私の場合は、ＢＭＩ二五を適正体重と考え、それを守るようにしています）

五、「七～八時間の睡眠をとる」

睡眠時間は、季節や年齢によって変わるようです。日本では、冬は夏より一時間弱ほど長くなる人が多いし、年をとると日中の活動量も減るので、疲労回復のための睡眠も必要度が減ります。いろいろ調べてみると、厚労省の一〇〇万人調査では、睡眠時間が七～八時間の人は、六時間未満の人や一〇時間以上の人よりも健康状態がよいという結果を出しており、また、アメリカの対がん協会の一一〇万人調査では、七時間睡眠の人が最も長生きしたという報告がありますので、この辺が理想的睡眠時間といえるのでしょう。

（私の場合は、夜一二時ごろ就寝、朝八時に起きるのが毎日の日課です。午後一時間ほど散歩し、夜は入浴してから寝ますので、ぐっすり眠ることができます）

六、「毎日きちんと朝食をとる」

「食べること」は、人間の生命を支える最も基本的な活動の一つであり、一日の始めに食べる朝食がその〝かなめ〟であることは、今も昔も変わりません。きちんと朝食を食べることによって代謝が上がり、頭や体のエンジンがかかりやすくなって、元気に活動できる時間も長くなります。また、朝食をバランスよくとっていれば、昼食は軽めで済むし、夜の食事も選択の幅が広くなります。規則正しい健康な食生活は、しっかり朝食をとることから始まると言っていいでしょう。内外の疫学調査を見ても、朝食を食べない人の方が、食べる人よりも肥満度が高いという報告が出されています。

最近は、朝食抜きの人が増えていますが、朝食抜きで一番困るのは、人間の脳です。脳はそのエネルギーのすべてを血液を通して運ばれるブドウ糖からとっていますが、脳が消費するエネルギーは、体全体で使うエネルギーの五分の一といわれ、大変な〝大食漢〟なのです。もし朝食で補給されないと、一晩中働いていた脳は飢餓状態になり、まともな働きができなくなります。だから、もしその日の能率を上げたかったら、朝食を忘れないこと。アメリカでは、学童の学習成績を上げるため、一九七五年から学校朝食事業を恒久的な事業として制度化しているそうです。

（私も現在は一日三食を守っていますが、かつてのサラリーマン時代には、夜遅くまで働いて酒を飲み、朝は食欲がないので欠食するという生活が長く続きました。それが肥満につながり、七〇代の大腸がんに及んだのではないかと、今は考えています）

七、「不要な間食はしない」

朝食を抜くと、お腹がすいてやたらに間食が欲しくなりますが、朝食、昼食、夕食の時間をはっきり決め、規則正しくそれを実行すると、仲間と集まってお茶を飲むとき以外、間食は不要となります。

しいのみ学園園長で医学博士と文学博士の肩書きを持つ昇地三郎が一〇四歳（二〇一〇年）のときに書いた『１００歳時代を生きぬく力』（東洋経済新報社）によると、彼の食事は、朝食が八時、昼食が一二時、夕食が一八時と決めており、一年三六五日、世界中どこへ行っても変えないそうです。百年間もこの習慣を続けていると、腸がそのリズムを覚えていて、この時間になると食物を受け入れる態勢を整えてくれ、腸の蠕動運動を助けてくれる。つまり、規則正しく食事を摂取することこそ、脳内時計の最も有効なリセット法であり、健康長寿の要因なのだと、書いています。

がんから生き延びる

年をとってから人間を襲う病気の中で、がんほどタチの悪いものはありません。ほとんど自覚症状がないため、発病に気が付かない場合が多く、仮に、発病を発見しても、すでに転移していた場合には、決定的な治療法が存在しないため死に至るケースが多いからです。がんの発病は六〇代と七〇代に多く、家族や友人、先輩、知人の多くが、それが原因で死んでいきました。私も七〇代の半ばに大腸がんにかかり、緊急手術をしてようやく助かるという経験をしていますので、がんの怖さは、身にしみて感じています。そこで第二章の最後はがんの問題を取り上げ、がんから生き延びるには何をすればいいかを、あらためて考えてみることにしました。

まず、生き延びた一例として、私が七五歳のときに経験した大腸がん手術の体験から話を進めることにしましょう。

私は六八歳まで会社で働き、引退したのは六九歳になってからです。現役の間は、年に一回、人間ドックで健康診断を受けていましたが、引退してからはそれをやめてしまい、かかりつけの診療所で高血圧の治療を受けるだけにしました。七五歳になったとき、診療所の医師から大腸がんの検査を受けるようすすめられ、私は「今更、何でそんな必要があるのか」と思いながら、それに従いました。ところが、それから大変なことが起きたのです。検査した便に潜血反応があり、病院で大腸の内視鏡検査をしたところ、一番奥の上行結腸にがんが発見されました。医師からすぐ入院・手術を命じられた私は、すっかりパニック状態。左頭部一帯に帯状疱疹ができて、入院が二週間も遅れる始末でした。

手術では、がんの見つかった上行結腸を二〇センチ余り切りとり、近くにあったリンパ節をすべて切除しました。幸いがん細胞は、腸粘膜すれすれのところで止まっていましたので、この程度で済みましたが、発見がもう二、三ヵ月遅れていたら、がん細胞は腸粘膜の外まで浸潤して、転移がすでに始まっていたかもしれません。あのとき、もし主治医の〝ひとこと〟がなかったらと思うと、ゾッとします。今、当時を思い返してみると、便秘がちで便がなかなか出なくて困っていたこと、時々固まった黒い便が出ることぐらいしか自覚症状はなく、私自身は、痔が再発したのだろうと甘く考えていたのです。

がんの患者は、無事手術が終わっても、その後が心配です。一度がんにかかった人は、次々とがんができやすく、とりわけ大腸がん、喉頭がん、肺がん、ぼうこうがん、乳がんの場合は、その危険性が高いとされているからです。このため、私も、六ヵ月に一回は病院に出向いて、血液検査などのチェックを受けており、すでに七年は経過しました。今のところ再発の兆候は全くないので、どうやら危険ゾーンは脱したと判断して良さそうです。担当医も、次回の検査でチェックを終えようと言ってくれました。

私が自らがん治療を経験して得られた教訓はいくつもありますが、「がんから生き延びるために必要なことは何か」と問われたら、次の二つの点を強調したいと思います。

まず第一点は、がんにならない生活習慣を心がけ、実行すること。第二点は、万一、がんにかかった場合でも、検診を受けて早期に発見し、治療することです。この二点は、多くのがん専門学者もあげているところで、東京大学付属病院緩和ケア診療部長中川恵一は「この二段構えの対策で、がん死は大幅に小さくなる」と書いています（中川恵一『死を忘れた日本人』朝日出版社）。

第一点のがんを防ぐ生活習慣では、ＷＨＯ（世界保健機関）が、喫煙、多量飲酒、肥満（脂肪のとり過ぎ）をがんの三大要因としてあげていますが、世界がん研究基金とアメリカがん研究財団が一九九七年に発表した「食物・栄養とがん予防」という報告書は、さらに食品内容に突っ込んだ内容なので、とても参考になります。その主な項目は次の通りです。

○植物性食品（野菜、果物、穀類、豆類、芋類など）中心の食事をし、特に「野菜」「果物」は一日に五皿以上食べる。
○痩せと肥満を避け、適正な体重を維持する。
○一日一時間の早歩き、またはそれに匹敵する運動をする。
○脂肪の多い食品、特に動物性脂肪を抑える。赤身の肉は一日八〇グラム未満。
○たばこを吸わない。飲酒は、男性は一日二杯、女性は一杯未満。
○砂糖を避け、高塩食品を控える。

ここで気が付くのは、禁煙、節酒と運動、それに適正体重という主要な点で、「ブレスローの七つの習慣」とほぼダブっていることです。従来の「七つの習慣」に、この報告書が求めた「野菜と果物を多く食べ、脂肪と塩分を控える」ことを加えれば、ほぼ完璧な「がんを防ぐ生活習慣」といえるのではないでしょうか。あとは実行するだけです。

次に、第二点のがんの早期発見、早期治療を実現するためには、六〇代、七〇代の危険地帯を突破するまでは、定期的に健康診断を受けることが必要です。がんは誰でもかかる可能性があり、年をとるごとにがんで死ぬリスクは高くなるのですから、今は健康でも、来年はどうなるかは誰にも分からない。だから、一年ごとに毎年定期的な健診を受けることが大事になってくるのです。

どんな病気でも、早く発見すればするほど治療成績が上がりますが、胃がん、大腸がんは、早期の手術によってほぼ一〇〇%完治し、その他のがんも、早期の段階で発見し、治療すれば、九〇%ぐらいは治ります。

アメリカなどではがん死亡者が減っているのに、日本だけがん死亡者が増え続けているのはなぜでしょうか。がんにかからないような生活習慣を奨励し、推進する「第一次予防対策」が、日本では不十分だったという説、欧米では徹底的に行われた禁煙運動が、日本では不徹底に終わり、それが原因だという説などがありますが、日本人のがん検診に対する関心が薄く、受診率が低いことも、がん死亡を増やす原因ではないかと、私は考えます。

中川恵一の『死を忘れた日本人』(朝日出版社)によると、二〇〇七年のデータから見る日本人の乳がんの受診率は二〇％、子宮頸がんの受診率は二一％でした。これに比べ、イギリスとアメリカでは、乳がんは七〇％以上、子宮頸がんでは八〇％近くの女性が受診しているそうです。「欧米では、八割近く行われているがん検診が、日本では二割しか行われていない。欧米ではがん患者に早期がんが多く、日本では進行がんが多いのはそのせいです。先進七ヵ国のうち、がん死亡が増え続けているのは日本だけ。その大きな原因は、がん検診受診率の差といっていい」と、著者は断言しています。

がん検診をめぐっては、日本国内でその有効性についての論議が多く、「肺がん、子宮体がん、子宮がんの検診効果はあまりない」という厚労省研究班の報告もあって、「がん検診は意味がない」という見解がまかり通っています。かなり前になりますが、「がん検診は百害あって一利もない。がん検診を拒否せよ」と書いた論文が、文藝春秋読者賞をとったこともありました。「がん検診は無駄」という意見は、「たばこを吸っても全員ががんになるわけではない。喫煙すれば一〇〇％がんになるというのはウソである。従ってたばこを禁止するのは意味がない」と言っているのと同じで、論理的にどこか飛躍があります。今なすべきことは日本からがん死亡者を一人でも減らすために、がん検診の効率を飛躍的に上げること、そして受診者をさらに増やすことではないでしょうか。

［補注］ アメリカでがん患者が減った

アメリカでは心疾患が死因の第一位ですから、その予防法は最も熱心に研究され、国をあげて食生活改善運動が行われましたので、参考のため、その経過をたどってみましょう。

アメリカの疾病対策の基本となったのは、一九七七年に出された「マクガバン・レポート」です。このレポートを作成したのは、ジョージ・マクガバン上院議員を委員長とする栄養問題特別委員会で、医療・栄養などの専門家三〇〇〇人を動員して、アメリカ国民の健康と食事についての調査を二年間かけて行い、五〇〇〇ページに及ぶ大部のレポートを議会に提出しました。「心臓病、がん、脳卒中などの慢性病が増え続けているのは、現代の間違った食生活が原因である」というのが委員会の結論で、アメリカの食事内容の改善目標として次の七項目を提言しています。

①　肥り過ぎを避けるための摂取カロリーの適正化。

②　総摂取カロリーの二八～四八％を炭水化物（穀類、でん粉、食物繊維）でとる。

③　砂糖の摂取量を減らす。
④　脂肪の摂取量を総カロリーの三〇％まで引き下げる。
⑤　飽和脂肪（ラード、バターなど）の摂取量を総カロリーの一〇％以下とする。
⑥　コレステロール摂取量を一日三〇〇ミリグラム以下とする。
⑦　食塩摂取量を一日六グラムとする。

アメリカの農務省は、この目標に従って「食生活改善の献立表」をつくり、政府推薦のモデル・メニューを国民に広くＰＲしましたので、高カロリー、高脂肪の動物性食品に依存した食生活を根本から改めるという気運は、国民全体にかなり浸透したようです。サシミ・トウフがもてはやされ、日本食ブームが起きたのもこの頃です。「マクガバン・レポート」の後、一九八〇年からは「ヘルシーピープル運動」という健康政策が国をあげて実施され、脂肪の摂取制限と高繊維食品の摂取量増加に加えて、喫煙率の減少や早期治療のための検診の普及などが目標とされました。がんにしろ、心臓病にしろ、病気撲滅の健康目標を決めると、その目標に向かって国が全力をあげるのが、アメリカのすごいところです。食生活の改善には特に力点が置かれ、一九九〇年には「食品によるがん予防」を目指した「デザイナー・フーズ計画」（このプロジェクトでは、がん予防食品として、にんにく、しょうが、大豆、キャベツ、セロリなどの野菜や果物が重要視されました）、一九九一年には「一日に五皿、野菜と果物を食べましょう」という「ファイブ・ア・デイ運動」が全米で繰り広げられました。

こうした努力のおかげで、一九八七〜一九九三年の間に、心筋梗塞による死亡率は一六％も減り、脳卒中による死亡率も一二％減りました。アメリカ人が一番気にしていた血中コレステロール値も年々下がり続け、一九九〇年には、男性は日本とほぼ同じに、女性は日本の値を下回ったそうです。また、がんによる死亡率も、九二年を境に減少に向かいました（香川靖雄『生活習慣病を防ぐ』岩波新書）。

日本ではどうでしょうか。食生活の改善で生活習慣病による死亡率を大幅に減らしたアメリカの成功例は、日本政府を大分刺激したようで、二〇〇〇年三月、生活習慣病予防のための方針「健康日本21」が閣議決定されました。これはアメリカの「ヘルシーピープル運動」をまねたもので、患者数や死亡率の減少に数値目標を設けましたが、一番肝心な「喫煙率半減」の計画が、農水省を介するたばこ農家などの猛反対で削除され、早くも骨抜きになってしまいました。また、高血圧、高脂血、糖尿、肥満という「メタボリック症候群」を五年間で二五％減らそうと、二〇〇八年から全国一斉に特定健診と保健指導（対象は四〇歳から七四歳）がなされることになりましたが、すでに触れた通り、その基準をめぐってゴタゴタが続いており、効果が出るのはまだ先のことです。日本では、さまざまな健康法、治療法がメディアに充満していますから、役所がいろんな基準や方針を打ち出しても、その一つとして受けとられ、あまりインパクトはありません。現状では、テレビの健康番組のほうが、むしろ影響力は強いのです。

第三章　心身機能を高く保つ法（上手な老い方②）

サクセスフル・エイジングに不可欠な三要素のうち、「病気を防ぐ」に次いで重要なのが、「心身機能を高く保つ」ことです。病気を防いで命永らえても、足腰が不自由で身の回りのことが自分で処理できなくなり、結局は施設に送られて寝たきりの生活を送るようなら、もはや長生きする意味はなくなります。サクセスフル・エイジングとは、ただ長生きするということではなく、自分が育ててきた知力、体力、気力を十二分に生かして、できるだけ長い間、充実した、質の高い自立生活を送ることにほかなりません。高齢者の健康については、一九八四年にＷＨＯが出した提言でも、「生死や疾病の有無ではなく、生活機能の自立の度合いで判断すべきである」と述べており、高齢者はその心身能力を十分に保持して、できるだけ長く自立した生活を続けることが望ましいとしています。

若者の第一目標が「自立」であるように、生きている間は自立して生活したいというのが、高齢者の共通の願いです。将来もこれまで通り、住み慣れた自宅に住み続け、自分の面倒は自分でみる。いつかは身の回りの世話を誰かに頼む必要が生じるだろうが、その期間はなるべく短くしたいと思う。それが、大方の自立願望です。

こうした自立願望が達成できるかどうかは、その人が老後も、心身の機能を維持できるかどうかにかかっています。多くの人は、年を重ねれば、心身の老化が進み、あらゆる行動が制約されると信じ込んでいるようですが、それは間違っています。通常の老化に伴う機能低下には、予防できないものと予防できるものとがあって、どちらかというと、予防できるもののほうが多いと、老年学の研究者たちは見ています。だから、生き方や食生活などに気を付ければ、思っている以上に、心身の機能低下を予防することができるのです。

また、年をとってから失った能力は、二度と再びもとに戻らないといわれてきましたが、事実はそうでないことが分かりました。マッカーサー財団研究グループは、知的機能の低下は、頭を使ったり、刺激したりすることによって回復し、場合によってはさらに高めることさえできることを証明しました。身体機能の方も、高齢者が身体を動かす機会が増えれば、さらに向上するはずで、それを証明する実例もたくさん出されています。ここでは、そうした研究結果を参考にしながら、年をとっても心身機能を低下させない方法・生き方を、検討してみることにしましょう。

宇宙飛行士の教訓

宇宙飛行士の宇宙滞在期間が長くなると、体にいろんな症状が現れてきます。まず、赤血球が減少して、貧血の状態になり、背骨を支えている筋肉と下肢の筋肉が衰えてきます。そして、骨からカルシウムが溶け出し、骨がどんどんもろくなります。一九六三年に、一八〇日間宇宙を飛び続けて帰還した旧ソ連のソユーズ3号の場合がそうでした。乗組員たちは全く歩けない状態のため、担架で運び出され、長い間車いすの生活を強いられたのです。

現在では、宇宙船内でも頻繁に体を動かして、筋肉と骨の衰えを最小限にとどめていますが、重力のない宇宙空間で普通の生活をしていると、一週間あたり平均で一%近い筋肉量が失われ、それに伴って、骨量も毎週平均二～三%減少することが分かっています。

NASAで調べたところ、宇宙に二週間滞在した三〇歳から五〇歳までの男性宇宙飛行士に見られる筋肉の衰えは、ベッド上で安静実験（寝たきり実験）を三〇日間続けた同世代の男性のものとそっくりで、七〇代の男性のものとも極めて似ていたそうです。わずか二週間の宇宙での無重力生活が、三〇代の男の筋肉を、七〇代の男の筋肉に変えてしまったことになります。

無重力生活がもたらす体の変化が、高齢者に見られる多くの症状と非常に似通っていることに真っ先に気付いたのは、自分でも宇宙飛行の経験を持つアメリカの上院議員ジョン・グレンでした。国立高齢者問題研究所とNASAが共同で、宇宙飛行の体への影響と老化の関係について研究を始めたのは、彼の尽力のおかげです。グレンは、七七歳のとき（一九九八年一〇月）、自らスペースシャトルに乗り込み、九日間にわたって重力と老化についていろいろな実験をしました。

こうした研究の成果については、NASAの元ライフサイエンス部長ジョーン・ヴァーニカスが『宇宙飛行士は早く老ける？』（朝日選書）の中で紹介していますが、結論を言えば、「重力の恩恵を避けるような生活を続けると（重力を避け、ラクをするようになると）、老化の症状がでてくる」ということでした。これを言い換えれば、「重力を活用したエクササイズを行えば、全身持久力の低下を防ぎ、老化を遅らせることができる」ということになります。「人間の老化は遺伝子にプログラムされている」という老化宿命説のウソを証明する証拠が、思いもかけないところ、つまり、宇宙の無重力生活に隠されていたと、ヴァーニカスは書いています。

宇宙滞在した宇宙飛行士は（特別の対策をとらないでいると）、筋肉が痩せ衰え、骨量も減少して、まるで老人になったかのように体が衰弱してしまいますが、これは、地上で体重を支えていた筋肉群が、無重力の宇宙ではお役御免となって、全く働かなくなったためです。使われなくなった筋肉群は、「使わなければ、失われる」という鉄則に従って、どんどん痩せ細り、減るばかり。筋肉が衰えると、心臓や肺の働きも悪くなり、全身の持久力が低下して、老衰した老人と全く変わらない体になってしまうのです。重力のある地上でも、筋肉を精一杯働かせなければ、これと同じ結果を招きます。定年後、体を動かすことが面倒になって、一日中家の中でゴロゴロし、長時間、ソファーに寝転がってテレビばかり見ているような生活をしていると、使われない筋肉群は衰えて、骨ももろくなり、やがて動こうにも動けない「老人」が出現することになります。年齢が問題なのではありません。「体を動かさないこと」が問題なのです。

「人間は動くためにつくられたものであって、動かさないでいれば、正常な機能は維持できない」ということが、よくいわれます。確かに、現在の私たちの体を支配している遺伝子は、一〇万年以上前に進化したもので、人類はそのころ、獲物の追跡と食物の採集のため毎日動き回っていたはずです。今日のように機械化が進んで、体を動かさなくても生活できるというのは、全く予想しなかった事態で、人間に本来備わっている体の機能が維持できなくなるのも当然といえるでしょう。

人間が動かなくなったことから発生した「運動不足」は、老化のスピードを早めるだけではありません。狭心症や心筋梗塞などの虚血性心臓疾患、コレステロールなどの脂質の沈着による動脈硬化と高血圧症、糖尿病、肥満、大腸がんなどの疾病の原因となり、結果的には寿命を縮めることになるのです。運動不足と寿命との関係については、多くの調査結果が出されているので、そのいくつかを次に引用してみます。

○アメリカ・テキサス州ダラスのエアロビクス研究のためのクーパー・インスティテュートで、八年間にわたり一万三千人を対象に調べたところ、毎日三〇分歩く男女は、座っていることの多い男女と比べた場合、その死亡率は半分だった（ゲイル・シーヒィ『ニュー・パッセージ　新たなる航路』）。

○「四万人を超える閉経後の女性を七年間にわたって研究したところ、欠かさず運動していた女性は、あまり体を動かさなかった女性より、死亡率が二〇％も低かった。」（ジョン・W・ローウェ『年齢の嘘』）

○アメリカのE・C・ハモンド博士は、四〇歳以上の住民一〇六万四〇〇四人についてデータを集め、一九六〇年と一九六一年の二回、死亡者の調査をした。一回目には七二六九人、二回目には九四五三人の死亡が分かったので、これらの死亡者の運動実施状態を前のデータから調べ、年齢別に運動実施と死亡率との関係を明らかにした。その結果は驚くべきもので、運動を実施していないと答えた人と運動を激しく実施している人との死亡率の差は大きく、ほとんどの年齢層で、運動の非実施者の死亡率は、激しく運動している者の五倍以上だった。例えば、七五〜七九歳の場合を見ると、毎日激しく運動をしている人たちでは一〇〇人当たり三人しか死亡していないのに、中程度の運動をしている人は四人、軽く運動している人は九人、運動をしていない人からは一六人もの死者が出ていた（石河利寛『スポーツと健康』岩波新書）。

○ハワイ在住日系の高齢者男性を対象に、歩行習慣と死亡率との関係を調べた調査もある。退職後の健康に問題のない六一～八一歳の非喫煙男性七〇七人を、一九八〇年から一二年間追跡調査し、死亡した二〇八例について歩行距離と死亡率との関係を求めたところ、一日の歩行距離が一マイル（一・六キロ）未満の人は、二マイル（三・二キロ）以上歩いている人に比べて死亡率が約二倍になった。定期的に良く歩くものは、死亡率が低くなることが、これで実証された（小澤利男『老年医学と老年学　老・病・死を考える』）。

○アメリカのハーバード大学ラルフ・バッフェンバーガーらは、一九六二年から一九七八年の間にハーバードを卒業した一万七〇〇〇人の追跡調査を行い、彼らを一週間の運動量に応じて八つのグループに分けた。すると、運動量が最少のグループ（積極的な運動なし）の死亡率を一とした場合、一週間あたり八マイル（一二・八キロ）の歩行に相当する運動をしているグループで死亡率は〇・七八まで低下し、さらにその二・五倍の運動量を維持しているグループでは平均寿命が最大二年延びていることが判明した（金子隆一『不老不死』）。

○アメリカで、ネズミを対象にした実験結果も出ている。生まれたばかりのネズミを二組に分け、同じ食餌・同じ環境で飼育した。Aの組は、毎日一〇分程度走るという運動を行わせ、Bの組はケージの中だけに置いて、必要最少限の運動しか行わせなかった。すると、運動しないB組の雄は四七四日、雌は四七六日しか生きなかったのに、運動させたA組の雄は六〇五日、雌は六六五日も生きる結果となった。生涯にわたっての運動不足の影響は、ネズミにおいて、明らかに寿命の短縮をもたらしていることが分かる（宮下充正『スポーツと健康』）。

これでお分かりのように、運動をするかどうかは、長生きできるかどうかという重大な問題にからんでくるのですが、高齢者の場合には、心身の機能をこのまま維持して自立した生活を続けるためにも、とりわけ日常の運動が必要になってきます。「筋肉の引退」は、即「生命活動の引退」につながるのですから、カウチポテト（長椅子に寝転んで、ポテトチップをかじりながら、テレビを眺めて夜を過ごす）生活を毎日繰り返すことは、一種の自殺行為ともいえるのです。

ウォーキングは「天才のスポーツ」

運動不足が心身の老化を早め、病気を呼び込んで、短命をもたらすのと反対に、運動は、体の機能の低下と病気を防ぎ、健康で過ごせる期間を増やします。さまざまな疫学調査がそれを証明していますが、最近になって、脳科学の研究から、運動が脳の活動を活性化し、脳細胞の新生に貢献することも分かってきました。つまり、運動することは、体の機能と健康だけでなく、認知能力と心の健康にも役立つ「万能薬」というわけです。

運動が健康保持の「万能薬」とされた本当の理由は、どこにあるのでしょうか。また、どのような運動を、どのくらいすれば一番効果が上がるのでしょうか。ここでは、運動の効果を「体の機能と健康に対する影響」と「認知能力と心の健康に対する影響」の二つの面から見直して、その秘密に迫ってみることにしましょう。

まず、運動の中身について。運動というとすぐランニングとか体操とかを思い浮かべますが、運動の本質は「体を動かすこと」ですから、立ったり座ったり、買い物や庭いじりをしたり、風呂に入ったりという日常の生活行動も、立派な運動です。糖尿病研究者が調べたところ、これらの日常生活行動だけで一日のエネルギー消費量の約四割を使うのが正常で、日常行動がこれを下回ると糖尿病の危険性が増すそうです。だから、家事などに手を抜かず、日常行動の部分をもっと増やしていけば、糖尿病やメタボは防げるわけですが、年をとってくると、日常行動のスピードが衰え、動き回る回数も減ってくるというのが現実ですから、それを補うために、特別な運動が必要となります。

では、どんな運動がいいのでしょうか。安全で、無理なく続けられること、動作が簡単で、誰でも容易にできること、すぐ効果が現れること。この三つをそろえた理想的な運動が、これまでに再三とり上げてきたウォーキング・歩行なのです。ジョギングでも水泳でもなく、なぜウォーキングなのか。ウォーキングのもたらす効果を、内外の研究書の記述を参考にして、これから見ていくことにします。

一、ウォーキングのすぐれたところ

○二足歩行は、人類の本来の姿であり、人間は歩くようにできているといえます。どこでもできるし、練習もいらない。靴さえあればあとは何もいらない。ジョギングと違って、ケガは少ないし、誰もが、疲労感なく、楽に歩けます。

○ウォーキングは、下半身にある約二六〇種類の筋肉を使って行われます。全身の筋肉の数は四〇〇種類ですから、歩行はその三分の二を動かすわけで、これほど多くの筋肉を効率的に使う日常運動は、ほかにはありません。第二の心臓といわれる足を動かすことによって全身の血液量が増え、心肺機能がアップします。

○ウォーキングは激しい運動ではありませんが、大量の筋肉を動かすため、何もしない安静時の三倍のエネルギーを使います。つまり、歩行中は代謝が三〇〇パーセント高進するわけで、最も手軽で一番効果的なダイエット法なのです。

○ジョギングや水泳は、どちらも脳に対して格別な効果を及ぼすことはありませんが、ウォーキングは血流をよくすることによって、脳を活性化し、脳の代謝活動を活発にします。体を健康にするだけでなく、脳を鍛え、心の老化を防ぐウォーキングは、それ故に、「天才のスポーツ」と呼ばれるのです。

二、生活習慣病を防ぐ効果

○ウォーキングは、血管や内臓にたまった余分な脂肪の代謝を高めるため、動脈硬化の予防に役立ちます。また、血管内壁に付いた脂肪がなくなるため、血液の循環もスムースになって、血管の柔軟性が高まり、高血圧も改善されます。ウォーキングを続けると、血液中の善玉（ＨＤＬ）コレステロール値が増えることも確認されており、動脈硬化の予防には、最も効果的です。

○ウォーキングは、酸素を十分に取り入れながら行うため、糖代謝の改善に最適な運動です。特にインシュリン非依存型糖尿病の改善には効果的です。

○内臓脂肪を減らすのに、ウォーキングは最適です。内臓に付いている脂肪は、皮下脂肪よりも早くエネルギーとして燃焼されるので、一回、最低でも二〇分以上のウォーキングを継続的に続ければ効果が出てきます。ウォーキングを続けると、脂肪の分解を促進するホルモンの働きも高まるため、脂肪の付きにくい体に変わることもできます。

○ウォーキングは、免疫系のバランスを回復させ、免疫機能を改善します。免疫系の抗体とリンパ球が活性化されるので、感染症やがんなどの病気から私たちを守ってくれます（マラソンなど激しい運動は、かえってストレスがたまり、免疫を低下させせる結果を招きます）。

○ウォーキングを続けると、筋肉が鍛えられて骨量が増え、骨粗しょう症を防ぎます。骨量の差は、運動するかしないかの差です。七十歳を超えても、ウォーキングを続けることで、骨量は増えます（骨量が減少すると骨折しやすくなります。日本における高齢者の寝たきりの原因の約一〇％が、骨粗しょう症に起因する骨折なのです）。

三、ストレスからの解放

○歩くことに集中すると、嫌なことはすべて忘れ、気分は爽快になります。歩くことは人類の生命を支えるための根源的メカニズムですから、歩き始めると、気持ちを高揚させるベーターエンドルフィン、意欲を高め、夢と希望をふくらませるドーパミン、気持ちを切り替え、気分をすっきりさせるセロトニンといった神経伝達物質が次々と分泌され、脳内を満たすからです。

四、歩けば脳が若返る

○歩くことにより筋肉の血流が増えるだけでなく、全身の血流量が増え、脳も活性化されます。

早歩きなどの運動を続けると、脳の中で血流が活発になり、毛細血管が新たにつくられて、脳の容積が増えることが確認されています。また、歩くことによって、脳神経の成長を促す「ＢＤＮＦ」というホルモンが大量に脳内に分泌され、海馬の働きが活性化します。ウォーキングの最中か終わった後に、いいアイデアがひらめいたりするのはそのためです。

○脳の神経細胞は再生しないと長い間信じられていましたが、よく運動しさえすれば、大人になっても脳細胞が日々再生することが、まずマウスの実験で突き止められ、その後、人間についても確認されました。しっかりウォーキングを続けていれば、若々しい新生細胞が海馬の中で生まれ、脳の若さを保つことができます。老化やアルツハイマー病を予防するには、まず脳の新生細胞を増やすことを考えるべきで、「歩け、歩け」は、その最良の手段なのです。

そこで、私たちが知りたいのが理想的なウォーキング法です。いろんな学者がさまざまな見解を繰り広げているので、どれを採用すべきかで迷うのですが、アメリカの保健福祉省とＷＨＯ（世界保健機関）が推奨している「フィジカル・アクティビティ」（身体行動）の基準があるので、それを参考にすることにしました。アメリカの保健福祉省の推奨は、「早歩きのような少し強いフィジカル・アクティビティを、週に一五〇分以上行うこと」でしたが、ＷＨＯの方も「早歩きなど、中程度の身体活動を一回三〇分、週五回行うこと」を求めており、アメリカの目安と同じでした。つまり、ブリスク・ウォーキング（早歩き）を、一日三〇分、週五日でもいいし、一日に一時間、週三日でもいい。週で合計一五〇分を超えれば、健康増進が十分期待できるのです。

ただし、この場合注意しなければならないのは、運動の頻度と間隔です。アメリカのスポーツ医学会が行った有酸素運動の効果に関する研究では、週一回にまとめて一五〇分以上運動しても、健康改善効果はあまり認められませんでした（週二回ゴルフをしていた丹羽文雄氏が認知症にかかった例があります)。一回の運動で生まれる効果は、四八時間以上持たないので、運動間隔が空きすぎてはいけないのです。実験の結果、週三~五回の運動頻度でやったときが、最も効果が上がることが分かりました。面白いことに、週三回、月・水・金というように一日おきに運動するグループは、毎日運動するグループと比べても遜色ない運動効果を上げていたそうです(森谷敏夫『メタボにならない脳のつくり方』扶桑社新書)。

ウォーキングで一番問題になるのは、どんな歩き方をするかです。息を切らして、「ハー・ハー」するまで激しく動く必要はありませんが、日常生活よりも少し呼吸が速くなったり、脈拍も速くなるような活動でなければなりません。そのためには、一秒間に二歩くらいのスピードで、大股で歩くのがいいようです。東京厚生年金病院理学療法士の田中尚喜氏は、ウォーキングの基本は、全身の筋肉をまんべんなく使うことにあるとし、「正しい歩き方」として次の項目をあげています。

① 背筋を伸ばす(背中を丸めて歩くのは、悪い姿勢です)。
② 腕は自然に振る(わざわざ意識して大きく振ると、すぐに疲れます)。

③　膝を伸ばす（膝を曲げたままの歩き方は、すぐ改めましょう）。
④　前足は、踵（かかと）から着地する。
⑤　後ろ足は、母趾（足の親指）でしっかり蹴り出す。

「踏み出した足は踵（かかと）からついて重心を移動させ、母趾（足の親指）のつま先で蹴り出して前進して行く」というのが、この歩き方のポイントで、慣れてくれば体の重心移動がスムースになり、いくら歩いても疲れにくくなります。足の裏の母趾周辺には、脳へ刺激を伝える感覚センサーが多く分布しているので、これを刺激することで多くの筋肉の活動性が上昇するのです（田中尚喜『百歳まで歩く』幻冬舎）。

最後は、ウォーキングをいつやるかという時間帯の問題。「早朝」とか「朝のうち」にやるという人が圧倒的に多いようですが、朝でなければならないという決定的理由はありません。たいていのスポーツ記録は午後三時から八時の間に打ち立てられていることから、午後遅くと宵の口が運動に最適という学者もいます。私も夜型人間で朝が苦手なので、ウォーキングに出かけるのは、いつも午後になってから。それも、有名な哲学者イマヌエル・カントの真似をして、きっかり午後三時半に家を出て、片道三〇分のコースを往復するようにしました（カントの場合は、菩提樹のある小道を二時間半かけて八往復し、午後六時に帰宅したそうです）。要は、無理せずに、自分にとって一番都合のいい時間帯を選べばいいのであって、楽しみながら長く続けることが肝心なのです。

「良い食事」とは何か

運動と栄養。この二つは、老化のスピードを遅らせ、心身の健康を保つ両輪のようなものです。食生活だけ適正でも、運動が不足すれば、病気は防げませんし、いかに規則正しくウォーキングしても、間違った食生活を続けていれば、健康は守れません。「病気を防ぐ」食事については、第二章でも簡単に触れていますが、ここでは、長寿をもたらすにはどんな食生活がいいのか、老後の健康を支える「良い食事」とは何か、できるだけ具体的に捉えてみることにしましょう。

○バランスよく多くの食品をとる

体をクルマに例えると、ボディとエンジンをつくるのがタンパク質、エンジンを動かすガソリンにあたるのが炭水化物と脂肪、ビタミンとミネラルは潤滑油ということになります。これらの栄養素のうち一つが欠けても、車は快適に走り続けることができません。人間も同じで、これらの栄養素を常に過不足なくとる必要があり、そのためには、なるべく多くの食品をバランスよく食べなければなりません。厚労省は食生活指針の中で「一日三〇食品をとるように」と指導していますが、それは、一日にとる食品類が多ければ多いほど、栄養のバランスはとりやすくなるからです。しかし、現実問題として、一日に三〇品目もの食品をとりそろえ、それをチェックしながら食べるというのは、実に煩わしく面倒なことです。このため、主な食品を三つ、四つ、あるいは六つの「食品群」に分けて、それぞれのグループから偏りなく食品を食べるという「食品群バランス料理法」が開発されましたが、ここでは、一八年にわたり、世界二五ヵ国、六〇地域で四八～五六歳の男女一万人の栄養調査を行った家森幸男京都大学名誉教授の長寿食研究なども参考に、心身機能を健康に保つための食品とそのとり方を、数項目絞ってみました。以下がその概要です。

①主食の穀物をしっかりとる

穀類や果物などの炭水化物は、体内で使われるエネルギーの燃料として中心的役割を果たしています。体内に摂取された炭水化物はブドウ糖に分解されて、その七割は筋肉で消費され、二割は脳で消費されます（心臓や腎臓など、ほかの臓器が使うのは、残り一割です）。脳にとってはブドウ糖は唯一のエネルギー源で、血液からブドウ糖の供給が途切れると、脳の働きがストップしてしまいますから、朝、昼、晩に、しっかり穀類を補充する必要があります。朝パンだったら昼はめん類、夜はごはんという具合に、一食一品は穀類をとるようにしたいものです。精選された白米には、玄米と違ってビタミンB群が不足していますが、卵、大豆、牛乳、レバー、豚肉、バナナなどを適宜一緒にとれば、それを補うことができます。

昭和四〇年ごろから食の欧米化が進み、ここ五〇年でお米の消費は半分に減ってしまいました。お米が嫌われたのは、「炭水化物をたくさんとると太る」と信じられていたせいですが、二〇世紀の末にスイスの学者が「ヒトの肝臓はラットとは違って糖質を脂肪に変換する能力はほとんどない」という実験結果を発表、炭水化物が原因で脂肪肥りになるという通説を覆しました。余分にとった炭水化物は、肝臓と筋肉にグリコーゲンとして蓄えられ、すべて脳に供給されるのです（森谷敏夫『メタボにならない脳のつくり方』扶桑社新書）。

②魚や肉をバランスよく食べる

長寿村の調査で分かったことですが、魚や海藻をよく食べるか食べないかで、寿命にかなりの差が出てきます。魚介類の脂肪は、多価不飽和脂肪酸の仲間で、ＥＰＡ（エイコサペンタエン酸）、ＤＨＡ（ドコサヘキサエン酸）が豊富です。これらは血管が詰まるのを防ぎ、悪玉コレステロールを抑え、善玉コレステロールを増やしますので、魚を食べることによって血液がサラサラになり、心筋梗塞や認知症を防ぐことができるのです。最近の日本人の食卓は、肉料理が魚料理より多くなっていますが、魚料理と肉料理を一対一の割合でバランスよくとるのが理想的。日本人の一〇〇歳長寿者の記録を見ても、一日三食の中で、魚と肉をまんべんなく食べている人が多いようです。

肉類の脂肪は飽和脂肪酸で、とり過ぎると血液の粘度が高まり、動脈硬化の原因となりますが、逆にこれが不足すると血中のコレステロールが足りなくなって、戦前の日本のように脳卒中の死亡者が増えます。良質なタンパク質を摂取するためには、肉類は欠かせない食材です。人間総合科学大学医療保健学部学部長の柴田博は、低コレステロールが脳卒中だけでなく、がんや自殺の原因になっていること、コレステロールは低過ぎても、高過ぎても死亡率が高く、中間クラスが一番長生きする点を指摘、「長寿のために日本人はもっと肉を食べよう」と指導しています。ちなみに、今の日本人の食肉量は、アメリカ人の三分の一に過ぎません。

③大豆や大豆食品を利用する

大豆や大豆食品が、なぜ必要なのでしょうか。大豆は、植物性タンパクの貴重な供給源で、リジンなど必須アミノ酸を多く含んでいますので、お米など穀類と一緒に食べれば、お米で不足したタンパク質が補充され、理想的な栄養パターンになります。さらに、大豆にはイソフラボンという植物栄養素が含まれていて、血管を丈夫にして血圧やコレステロールを下げたり、骨からカルシウムが抜けるのを抑えたりする働きがあり、脳卒中や心筋梗塞だけでなく、骨粗しょう症や乳がん、前立腺がんなどの抑制にも役立つことが分かってきました。日本人が世界一の長寿になった一因は、このイソフラボンを枝豆、豆腐、納豆、味噌などから、一日一八ミリグラムは平均して摂取してきたからだといわれます。大豆食品、特に納豆は、骨粗しょう症や肝臓がんを抑え、心筋梗塞、脳梗塞を防ぐ「天然の薬用食品」として、もっと利用すべきです。

④野菜、果物をたっぷり食べる

野菜と果物には、食物繊維のほかにビタミンやミネラルなど多種類の微量栄養素が含まれ、フリーラジカルの働きを抑える抗酸化物質（ファイトケミカル）も豊富に含んでいます。だから、野菜や果物を十分とれば、腸内環境が改善されて発がんのリスクが抑えられ、その強い抗酸化力で血管の老化を防ぎ、生活習慣病の進行を防いでくれます。日本の農村では、青菜はもちろんカボチャ、ニンジンなど多種類の野菜を一日に四〇〇～五〇〇グラムとっていたところが長寿村として知られていますが、アメリカでも一九九〇年代に「一日に五皿、野菜と果物を食べましょう」という「ファイブ・ア・デイ運動」が全米で繰り広げられ、がん、心筋梗塞、脳卒中の死亡率を減らすのに成功しています。

野菜と果物は、植物栄養素の宝庫なのに低カロリーです。野菜はいろいろとり混ぜて一日に最低でも三皿（三五〇グラム）、果物は一皿（二八〇グラム）はとりたいものです。コンブやヒジキなど海藻類も、すぐれたミネラル源ですから、一日に五～一〇グラムはとるよう心がけましょう（リンゴ一個分で二八〇グラム、ミカン半分で三〇グラムですが、日本人は平均して一日に一五〇グラムしか果物を食べていません。これは、世界で一一七位という低ランクの果物消費量です。「果糖をとり過ぎると太る」と信じられているせいと思われますが、すでに触れたように、人間の肝臓はラットやモルモットと違って糖質を脂肪にするのが得意ではありません。「朝の果物は金」といわれているように、四季の果物を積極的にとり入れるようになれば、食卓はもっとにぎやかになります)。

⑤乳製品を積極的にとる　世界の長寿国では、乳製品をよくとっています。牛乳やヨーグルトは、良質なタンパク質に加えて、ナトリウムの害を抑えるカルシウムを豊富に含んでおり、高血圧、脳卒中や脳血管性認知症を防いでくれるからです。東京都老人総合研究所が行った七〇歳高齢者の追跡調査でも、牛乳を二日に一本以上飲んでいた人は、年をとってからの身長の縮み方が小さかったし、牛乳を毎日二〇〇ミリリットル以上飲んでいる人は、そうでない人より運動習慣がすぐれ、長生きしたという結果が出ています。乳糖不耐症の人は、牛乳の代わりにチーズやヨーグルトで代用しても構いません。長寿食研究家の家森幸男京大名誉教授のお宅では、自家製のカスピ海ヨーグルトにきなこを加えた「きなこヨーグルト」を毎朝食べており、それが元気の源になっているそうです(家森幸男『ついに突きとめた究極の長寿食』洋泉社新書)。

心が元気なら体も元気

アメリカの元大統領ジミー・カーターが書いた『The Virtues of Aging』（邦訳名『老年時代』山岡洋一訳・日経ＢＰ社）という本がありますが、彼はこの本の中で、次のような「高齢者健康維持法」を紹介しています。

一、たばこを吸わない。
二、体重を適切な水準に維持する。
三、運動を続ける。
四、コレステロール、飽和脂肪酸、塩分、糖分が多い食品をなるべく食べないようにする。
五、飲み過ぎを避け、飲んだら絶対に運転しない。
六、シートベルトを締める。
七、銃を持たない。
八、血圧検査などの健康診断を定期的に受ける。

車と銃について特に触れている点はいかにもアメリカ的ですが、前半の五ヵ条で肝心なところは捉えており、その簡明さは、「ブレスローの七つの健康習慣」に匹敵します。全米の調査によると、これらのすべてを守っている老人はごく少なく、これらを守らなかったことが、早死にの原因の三分の一を占めているそうです。

カーター元大統領は、「健康とは、体が健全なだけでなく、自尊心を維持し、自分のことは自分で管理することだ」とし、各人の心の在り方、気持ちの持ちようが、体の健康に大きな影響を与えるという説をとっています。「人間はいつから老人になるか」という問いに対し、次のように書いているのがとても印象的でした。

「いつからが『老人』なのだろうか。正しい答えはこうだ。自分は老人だと考えるようになったときに老人になる。動くのが億劫になり、他人に頼るようになり、身体や頭をなるべく使わないようになり、付き合う相手を限るようになる。自分の経験からいうなら、こうなる時期は、年齢とそれほど密接に関連しているわけではない。」

「自分は老人だと考えるようになったときに老人になる」という指摘は、まさにその通りです。「年をとれば誰もが病み衰え、役立たずになる」という〝老いの神話〟を信じ込み、「オレもそろそろ年貢の納め時」と諦めて、生きる意欲をなくしてしまうと、体を維持するエネルギーは、あたかも電池が消耗するように枯渇し、老化はアッという間に進んでしまいます。

人間には、暦年齢、生物学的年齢、心理的年齢の三つの年齢があること、暦年齢は誰が見ても一定だが、一番あてにならないこと、後の二つの年齢はいずれも個人差が激しいが、生物学的年齢は心理的年齢に呼応していること、などを明らかにしたのは、東洋医学をとり入れた健康法で有名なアメリカのディーパック・チョプラ医学博士でした（『チョプラ博士の老いない「奇跡」』沢田博、伊藤和子訳・講談社）。チョプラ説によると、幸せ、満足、楽しみ、喜びといったポジティブな思いは、心理的年齢を若返らせます。内面世界を豊かに育むことによって、意識の力で老化をその源において打ち負かすことができるというのです。その反面、孤独、無感動、不満、諦めといったネガティブな方向に意識を働かせれば、私たちの体は急速に衰えていく。つまり、老いてゆくことに絶望すれば早く老けこむが、ゆとりを持って老いを受け入れれば、精神的にも肉体的にも、数々の惨めな兆候を遠ざけることが可能になる。「人の年は自分が何歳と思っているかで決まる」ということわざがあるように、その時、その人の意識の持ち方で、老化のプロセスは大きく変わってしまうのです。

人間の意識や意志が身体に影響し、老化のプロセスを左右するという考え方は、アメリカの細胞生物学者ブルース・リプトンの著書（邦訳名『思考のすごい力　心はいかにして細胞をコントロールするか』西尾香苗訳・PHP研究所）でも力説されています。リプトンは「私たちの身体や心をコントロールしているのは、遺伝子ではない。信念こそが身体や心、さらには私たちの人生をコントロールしている」とし、その実例として「ノーシーボ効果」（プラシーボ効果の反対で、否定的思考によって健康を損なうケース）をあげているので、それを紹介しておきましょう。

主人公は、アメリカ・ナッシュビルに住むサム・ロンドという退職した靴セールスマン。一九七四年に医師から食道がんと診断され、それから数週間後にロンドは亡くなりました。医師も看護師も、ロンドの食道がんは治らないと思っていたので、誰がその死を当然と考えていました。ところが、ロンドの死後、驚くべき事実が判明します。解剖してみたところ、がんの進行はたいしたものではなく、とうてい死ぬほどのものではありませんでした。小さな腫瘍が肝臓と肺にあるだけで、食道にはがんは全く見当たらなかったのです。死因ががんでなかったのなら、一体何がロンドを死に追いやったのでしょうか。周囲も自分も不治のがんだと思い込み、それが彼から生きる希望を奪いとってしまったに違いありません。

信念というのは、カメラのフィルターのようなもので、世界の見方を変える力を持っています。生体の機能は、そういった信念に適応して変化しますから、ロンドのように「もう駄目だ」と絶望し、恐怖に満ちた暗黒の世界に入り込んでしまえば、活発な生体活動はストップして、健康状態は危機に見舞われるのです。もしも逆に、〝バラ色の信念〟を選んで、明るい将来への希望を抱き続けることができれば、体を構成する細胞は元気よく活動して、病状は好転したかもしれないと、リプトンは書いています。

『笑いと治癒力』『生への意欲』（いずれも松田銑訳・岩波同時代ライブラリー）の著書で有名なアメリカのジャーナリスト、ノーマン・カズンズ（一九一五〜一九九〇）の場合は、まさに〝バラ色の信念〟の有効性を示し、「病いは気から」を身を持って立証した生き証人といえるでしょう。彼は、四九歳のときに重症の膠原病にかかり、六五歳のときには心筋梗塞で倒れて、いずれも死の寸前までいきましたが、二度とも〝奇跡の生還〟を演じたのです。膠原病のとき彼がやったのは、病室に映写機を持ち込んで滑稽なお笑い映画を見たり、看護師にユーモアの本を読んでもらったりして、笑いを絶やさないようにしたこと（一〇分間腹を抱えて笑うと、二時間は痛みを感じずに眠れたそうです）、途中からホテルに逃げ出して、ひっきりなしの検査や投薬という煩わしさを免れ、のんびりと落ち着いたこと、そして、副作用の多い鎮痛剤や睡眠薬を飲むことをやめ、主治医に頼んで大量のビタミンCを静脈に点滴することでした。自分では大きな博打を打つつもりでしたが、結果的にはこれが大正解。笑いとビタミンCのおかげで、八日目の終わりごろには、手足の痛みがなくなって身体の自由がきくようになり、まもなく退院することができたのです。

六五歳の心筋梗塞のときは、回復不能と診断され、植物状態のように寝ているよう指示されましたが、彼は一六年前の膠原病の体験を思い出し、不退転の生への意欲と笑いとで、もう一度病いから回復しようと決意します。そして、血管造影レントゲン撮影とバイパス手術を拒否して、翌月から自宅で独自の療養生活を始めました。自宅では、厳しい食事制限のもとに、規則正しい生活をし、午前と午後にはウォーキング。暇な時間には、読書、音楽、趣味の写真を楽しみ、家族や友人たちとも遊んで、笑いを絶やさないよう心がけました。最初は、一分ばかり歩くと少々めまいがしましたが、一日ごとに歩けるようになり、やがて一時間以上でも平気になりました。発作後一年経ったころには、テニスやゴルフもプレイできるまで、完全に回復したのです。

カズンズが証明したのは、「生への意欲」というものが単なる理論的抽象ではなく、「治療的な特徴を持つ生理学的実在」だということ、そしてさらに、「明るい快活さと笑い」が心身の再生能力を高めて、重い病いや障害を乗り越える力を与えてくれるということでした。カズンズは、その後も「奇跡の伝道者」として世界中を飛び回り、発作から丁度一〇年後の一九九〇年一二月、重症の心臓発作のため七六歳で亡くなるのですが、彼が残した二冊の体験記は、重い病いを抱えた人たちをはげます「魂の記録」として、今も読み継がれています。

心の持ち方一つで、人間は健康を損ねたり、また病気に打ち勝ったりする。私たちはこれを「病いは気から」と言い習わしてきましたが、最近になって、これらの現象に遺伝子が深く関係していることも分かってきました。日本における遺伝子研究の第一人者、筑波大学名誉教授村上和雄は、糖尿病患者に対する「笑い」の影響を調べた際、笑いが血糖値の上昇を抑え、笑いによってオンになる遺伝子とオフになる遺伝子があることを発見しました。そこで、「笑いや感動、喜び、感激、感謝といったプラス発想は、よい遺伝子のスイッチをオンにし、悪い遺伝子のスイッチをオフにする。逆に、不安や恐怖、悲しみや絶望などマイナス発想は、よい遺伝子の働きを止め、悪い遺伝子を誘導する」

という仮説を発表しています（『生命の暗号』『遺伝子オンで生きる』サンマーク出版）。

心にもある種のエネルギーがあって、「心が遺伝子の働きを変えることができる」という発見は、「意識の力、信念が、人生をコントロールしている」という考え方をさらに補強するものです。村上名誉教授は「人間はいつも前向きで元気はつらつとしていると、すべてが順調にいくようになります。そういうときの心の状態は、よい遺伝子をオンにして、悪い遺伝子をオフにする働きがあるのです」と解説、「要は不必要な遺伝子はできるだけオフにして眠っていてもらい、いい遺伝子をオンにしてたくさん働いてもらうこと。その生き方のカギを握っているのが『ものの考え方』だということです」と述べています。老年期の行方を左右するのは、食物や運動だけではない。心の働き、心の持ち方が、いかに重要かを私たちはあらためて再認識する必要があるでしょう。

二〇一〇年八月一六日に一〇四歳の誕生日を迎えた「しいのみ学園」園長の昇地三郎は、健康長寿を支えた秘訣として「サブちゃんの十大習慣健康法」をあげていますが、「まずはスマイル　楽観主義で！」というスローガンを、第一条としてトップに置いていています（『100歳時代を生きぬく力』東洋経済新報社）。同園長は、「笑顔とユーモア」の大切さを、長い障害児教育の中で身に付け、「駄目だと思ったら駄目になる」「病感を持つな、老感を持つな」「長生きすれば必ず良いことがある」と固く信じて、今日を築き上げたそうです。そして、「九五歳でわが青春がスタートし、九九歳までは助走、一〇〇歳になってようやく、人生の本番を迎えたという気がしております」と、その著書で書いています。

「九五歳からの青春」という言葉は、青春とは年齢ではなく、心の持ち方なのだ、とうたったユダヤ人実業家サムエル・ウルマン（一八四〇～一九二四）の詩『青春』を思い起こさせます。この詩をつくったのは七八歳のときだそうですが、彼はこの中で、「年を重ねただけで人は老いない。理想を失うとき初めて老いる」と書き、次のようにしめくくりました。

「霊感が絶え、精神が皮肉の雪におおわれ、
悲嘆の氷にとざされるとき、
二〇歳であろうと人は老いる。
頭を高く上げ、希望の波をとらえる限り
八〇歳であろうと人は青春にして已む」

作山宗久（訳）『青春とは、心の若さである。』
角川文庫より

［補注］　心が若返れば、体も若返る

心と体はつながっており、心の状態を変えることで、体の健康状態も変えられることが分かってきました。ハーバード大学の女性心理学教授エレン・ランガーは、私たちの心が、どの程度まで体をコントロールできるかを探るため、さまざまの独創的な実験を行い、その結果を本にまとめていますので、その中の一つ、「心の時計を巻き戻す実験」をここで紹介しておきましょう（エレン・ランガー『「老い」に負けない生き方』桜田直美訳・アスペクト）。

この実験は、一九七九年、アメリカのニューハンプシャー州ピーターポロにある修道院を舞台にして行われました。ランガーたちは、この修道院を改修して、二〇年前の一九五九年当時の環境を再現、一九五九年に流行っていたテレビやラジオ番組、新聞や出版物、その他こまごまとした日用品まで忠実にそろえました。そして、地元の新聞や公報に「田舎の家で一週間のんびり過ごし、思い出話に花を咲かせませんか？七〇代後半から八〇代前半の男性を募集します」という広告を出し、応募者を電話インタビューして一六人を選び出しました。

ランガーたちは、それを八人ずつの二つのグループ（「実験群」と「統制群」）に分け、まず「実験群」から実験に入りました。参加者は全員、二〇年前の一九五九年に戻ったつもりになって、修道院で一週間を過ごすのです。「二〇年前はこうだった」というように、過去形を使うのは禁止。どんな会話や討論も、すべて現在形で話すようにする。参加者は、今が一九五九年のつもりで短い自伝を書き、当時の自分の写真も一緒につけて、ほかの参加者に配られました。

「実験群」の合宿が終わると、次に「統制群」が合宿を始めます。同じ修道院に暮らし、同じ活動を楽しみ、一九五九年の出来事について討論を交わすのも同じですが、「実験群」と違って、会話はすべて過去形が使われ、過去の思い出話に花を咲かせる形となりました。彼らの自伝も過去形で書かれていて、写真も現在の自分の写真がつけられていました。

さて、結果はどうなったでしょうか。実験群も統制群も、予定の一週間が終わる前から、態度や行動にはっきりした変化が見られるようになりました。参加者の全員が、食事の準備や後片付けに積極的にかかわるようになったのです。面接のときは連れて来てくれた家族にすっかり頼りきりだったのに、入所した二日目から、自分一人で何でもこなせるようになっていました。

一週間が終わったところで、参加者全員にまたテストを受けてもらい、入所前のテストと比べたところ、多くの測定基準で、参加者が「若返った」ことが証明されました。どちらのグループも、聴力、記録力、握力が実際に向上し、体重が平均して一キロ強増えて、身長、歩行、姿勢でも向上が見られました。知能テストの結果では、実験群の六三％（統制群では四四％）で成績が向上していました。実験群の参加者の中には、関節炎の症状が和らいで、指を伸ばせるようになったために、指の長さが長くなり、以前に比べて手先が器用になった人もいました。

最後に、この実験の目的を知らない第三者に、合宿前に提出された参加者の写真と、合宿後に撮影された写真とを見比べてもらったところ、実験群の全員について、「実験後のほうがずっと若く見える」という回答が返ってきました。人為的に、時計の針を二〇年分巻き戻すことによって、合宿に参加したお年寄りたちは、心が二〇歳も若返った気持ちになり、体も同じように若返って、それが外見にも現れたのです。

ランガーは、これらの実験をもとに、「気の持ちよう」のほうが、普通に重視されている生理的な要因よりも、健康に与える影響が大きいとの結論を出し、「私たちの限界を決めているのは、肉体そのものではなく、むしろ頭の中身のほうだ。〝もう年だからできない〟〝病気だからできない〟と、勝手に決めつけてしまっているだけだ」と書いています。

第四章　生きがいをつくる（上手な老い方③）

サクセスフル・エイジングに不可欠な三要素のうち「病気を防ぐ」「心身機能を高く保つ」の二項目については、第二章と第三章で触れましたので、第四章では最後にあたる三番目の要素をとり上げます。ジョン・ローウェ、ロバート・カーンの『サクセスフル・エイジング』では、「積極的に社会にかかわる」ことを三番目の要素としてあげていますが、私は私自身の経験を加味してこれに手を加え、「生きがいをつくる」ことを三番目の要素としました。

「老いを生かすすべを身につければ、老年期は喜びに満ちたものになる」という名言を残したのは、ローマのストア派の哲人セネカですが、「老いを生かすすべ」という言葉は、「高齢者の生きがい」に置き換えてもいいでしょう。私たちが折角手に入れた「人類だけに許された老年期」を無駄にしないためにも、私たちは一刻も早く、「老いを生かすすべ」を勉強し、自分なりの「生きがい」を身に付けなければなりません。そこでこの章では、新しい観点から高齢者の「生きがい」を考察し直し、次に、「生きがい」になり得る行動パターンをいくつか考えてみました。「友人・仲間をつくること」「貢献(ボランティア)すること」のほかに「趣味を楽しむこと」「学習すること」「創造することと」などが「生きがいづくり」の基本的活動として登場してくるはずです。

脳の喜ぶことをする―それが「生きがい」

そもそも「生きがい」とは何でしょうか。多年、長島愛生園に勤務して、ハンセン病患者の治療にあたった精神科医神谷美恵子（一九一四～一九七九）の代表作、『生きがいについて』（みすず書房）が、非常にすぐれた「生きがい分析」をしているので、まずそこから入っていきましょう。

神谷はこの著書の中で、人に「生きる喜び」「生きる張り合い」を与えてくれる源泉、または対象を「生きがい」と呼び、人間の「生きがいになりうるもの」と、「生きがいを求める心」の特徴について、くわしく分析しています。

まず「生きがいになりうるもの」の特徴ですが、「生きがい」というものは、人に「生きがい感」を与えるものでなければなりません。これが第一の特徴です。「生きがい感」は、幸福感の根幹をなす感情で、極めて主観的ですから、すべて同じ形をとるわけではありませんが、目的とか効用とかいうものを一切離れて「純粋な喜び」を与えてくれるもの、生きていることがうれしいという「生存充実感」を与えてくれるものが、すべてこれに入ります。「草木を育てること、俳句や和歌をつくること、編み物、陶器づくり、他人のためにつくすことなど、目立たぬものものもみな立派な生きがいとなりうる」のです。

「生きがい」の第二の特徴は、「生活を営んで行く上の実利実益とは必ずしも関係がない」ということです。つまり、生きがいとなるのは「無償」の活動であって、生物として生きていくためにぜひ必要とか、社会生活の上で欠かせない、というものではありません。いわば「一種の無駄、またはぜいたく」ともいえる一面がそこにあります。

三番目の特徴としてあげているのは、生きがい活動が「やりたいからやる」という「自発性」を持っていることです。ほかから命令されて「させられる」のではなく、自分から「よろこんでやる」のです。

四番目の特徴は、「生きがい」というものは、全く「個性的」なものだということ。借りものや人まねでは、生きがいたりえません。「それぞれの人の内奥にある本当の自分にぴったりしたもの、その自分そのままの表現であるもの」でなくてはなりません。

五番目は、「生きがい」は、それを持つ人の心に一つの価値体系をつくる性質があるということ。いくつかの生きがいがあれば、そのうち何を一番大切に考えるか、次には何を、というふうに、ある序列ができます。それは平生、自分にも気付かれないでいて、何か事が起こったときに自他にはっきりするのだそうです。

六番目に、「生きがい」は、「人がその中でのびのびと生きていけるような、その人独自の心の世界をつくる」ということをあげています。「生きがい」を見つけて、人がそれぞれ自分の周りに、自分が安住できる「身に合った心の世界」をつくり出すことができれば、何が価値があるか、何を優先すべきかがはっきりし、そこに統一と秩序と調和が生まれることになります。人に安定を与えるのは、そういう「心の世界のおちつき」なのだと著者は述べています。

これに続いて神谷は、人間の「生きがいへの欲求」についても分析し、「生きがいを求める心」を構成する欲求として次の七項目をあげています。

一、**生存充実感への欲求**　「生存充実感」は「生きがい感」の最も基本的な要素の一つです。充実といっても、その中身が恐れや不安や恨みなど、生の流れを滞らせるものであっては生きがい感は生まれません。「生命を前進させるもの、つまり、よろこび、勇気、希望などのようなもので、自分の生体験がみたされているという感じ」を人間はすべて求めているのです。

二、変化と成長への欲求　新奇な経験への欲求、自我の拡張を目指す成長への欲求のことで、学問、旅行、登山、冒険などが生きがいの対象になります。

三、未来性への欲求　「すべてはこれからだ」という期待と意気込みがあれば、心に「はり」を持って生きてゆくことができます。種々な生活目標、夢、野心から社会的、政治的、宗教的理想まで、さまざまな生きがいが生まれます。

四、反響への欲求　「社会的所属への欲求」「承認への欲求」もその一つです。この生きがいは、周囲の人々との共感や友情や愛の交流、他人に奉仕するボランティア活動などによって満足されます。

五、自由への欲求　ほかから支配されない、主体性、自律性を求めるのは、最も人間らしい感情です。遊びや趣味的行動などの無償活動は、自由を求める生きがい活動の一環と考えられます。

六、自己実現への欲求　ここに最も個性的な生きがいが生まれます。作家や芸術家や学者でなくても、もっとささやかな文芸活動や編み物や料理などでも、すべてその人でなければできないという独自性を帯びれば、それが自己実現の生きがいになるのです。つくり出すものが、絵や歌のような形のあるものでなくても構いません。「自己に与えられた生命を、どのように用いて生きて行くかというその生き方そのもの」が、何よりも独自な創造でありうると、彼女は書いています。

七、意味と価値への欲求

人間にはみな自分の生きていることに、意味や価値を感じたい欲求があります。自分の存在意義の感じられるようなあらゆる仕事や使命はこれに属しますが、第六の「自己実現の欲求」で示された「新しいものをつくり出すこと」「自分らしい生き方をすること」もこれに入るでしょう。

以上、「生きがい」について、必要以上に細かい分析を紹介したのは、「生きがい」というものは、単なる生物学的要求の満足ではなく、精神的存在としての人間の要求、つまり、「人間の心（精神）」の要求にすべて基づいていることを示したかったからです。

私たちの心は、脳の働きですから、心の変化は、すべて脳から来ています。その心が要求する「生きがい」こそ、まさに脳が求めるものといえるでしょう。「自己の最もすぐれた資質を開花させることによって、満足のいく、実り豊かな、生きるに値する人生を実現する」という生きがい願望は、人体の全細胞を支配する「ホモ・サピエンスの脳」が、さらに新規な体験と成長を求めて、その働きを全開させることによって、初めて可能になるからです。

国立民族学博物館長を務めた梅棹忠夫はその著書『わたしの生きがい論　人生に目的があるか』（講談社）の中で、「サルにも生きがいがあるだろう」という独自の考えを述べた上で、生きがいとは「努力に対する報酬、あるいは期待に対する充足」に過ぎないとし、「生きがいには〝気の持ちよう一つ〟という側面があることはたしかで、どうせたいしたことじゃないかもしれない。生きがいというものは、いわばぜいたく物であって、生きがいなんかなくても生きていく上にはべつにさしつかえはない」と書いています。確かに、サルも持っているような「生きがい」なら、生きがいなんてなくても生きていけるでしょうが、私たちが今問題にしているのは、人間にしかない、人間特有の「生きがい」なのです。サルの脳には、人間に見られるような発達した前頭葉はありません。「笑い」と同じように「生きがい」も、人間の前頭葉の〝働き〟なのですから、サルに人間並みの「生きがい」を期待するのは、そもそもの間違いです。見田宗助が『現代の生きがい』（日経新書）の中で述べているように、人の生きがいへの欲求は、生物として「ただ生きようとする意志」ではなく、人間として「意味深く生きようとする意志」の現れであり、「人間以外にはその例を見ない独自なもの」なのです。

生きがいへの欲求が、「一種のぜいたく」とみられるのは、生物的な「生きることへの欲求」ではなく、精神的な「生きることの意味への欲求」だからでしょう。生きることだけで精いっぱいの暮らしをしている人には、「生きがい」など考える余裕はないでしょうし、「体力」が「脳力」より優位の壮年時代には、まず金銭や地位や権力の獲得が優先され、それ以外の「生きがい」など見向きもされないでしょう。「お勤め」や「子育て」から離れてすることがなくなり、「体力」からも見放された年輩者だからこそ、残された「脳力」のすべてを結集する「生きがい」に、余生の希望を託すのではないでしょうか。

「肉体のために生きて来た人間にとっては、老いは権威の失墜です。精神のために生きて来た人間にとっては、それは崇高な開花なのです」というある哲学者の言葉を引用し、「老いの意味」を説いているのが、スイスの精神治療医ポール・トゥルニエです。その著書『老いの意味』（山村嘉己訳・ヨルダン社）は、老いを語る場合の教科書的存在ですが、彼はその中で、職業活動や子育てを第一の人生活動、その後に行うさまざまな活動を第二の人生活動と呼び、第二の人生活動の中心に生きがい追求のための活動を置きました。そこでは、利害にとらわれない奉仕的な活動や、創造的な活動とみなしうる余暇活動が高く評価されるのです。

〝使わなければ失う〟という原則は、筋肉だけではなく、脳の知的活動にもあてはまります。退職した後、何をするアテもなく、毎日、何もしないでぼんやり過ごすようなら、脳の老化は間違いなく進み、アッという間にボケてしまいます。その反対に、さまざまな刺激や学習によって絶えず脳を働かせることができれば、脳の神経細胞同士が活発に結合を繰り返して成長を続け、何歳になっても、「脳力」が衰えるということはありません。体のほかの部分の老化を抑え込むのは難しくても、脳の機能は、八〇歳、九〇歳になっても向上させることが可能であり、多くの脳科学者は「適切な刺激と豊かな環境があれば、人間の脳は何歳になっても発達し続ける」と保障しています。そうだとすると、「生きがいへの欲求」は、脳のために「適切な刺激を求める欲求」にほかならず、「生きがいを見つけること」は、脳の老化を防ぐ「最高の手段」といえるのではないでしょうか。

脳を喜ばす「生きがい」をいくつかあげてみると、「学ぶ生きがい」「創造する生きがい」「遊ぶ生きがい」「仲間をつくる生きがい」「貢献する生きがい」などが頭に浮かびますが、これらはいずれも脳の柔軟性が問われる新しい課題であり、これらの課題に取り組むことによって、脳はますます鍛えられ、磨かれることになるでしょう。脳を磨くことは、老化と、老化がもたらす認知症から私たちを守ることであり、そのことは、第二の人生を磨きあげて、よりよく生きることに重なってくるのです。

学ぶ生きがい

脳の働きの最小単位はニューロンと呼ばれる神経細胞で、人間の脳には一〇〇〇億個のニューロンがあるとされています。つまり、人間の脳は、天の川の星の数ほどある多数のニューロンが繁茂するジャングルのようなものなのです。一つ一つのニューロンは、樹状突起で情報を受けとり、細胞体の中で処理してから、軸索の末端にあるシナプスという中継点を通して、ほかのニューロンや細胞に情報を送り出します。それぞれのニューロンは、一〇〇〇個ないし一万個のシナプスを持つといわれているので、脳内全体のシナプスは、途方もない数にのぼるでしょう。情報の中継点がこれほど多いということは、ニューロン同士を結ぶ神経ネットワークの驚くべき複雑さを物語るものです。

しかし、このように精妙な神経ネットワークも、すべての人に同じように備わっているというわけではありません。人間の脳には、人それぞれの独自性があって、大脳皮質の大きさも、分子配列の構造も、一人一人違っています。脳内のニューロン数を比較してみると、人によってプラスマイナス五〇％以上もの差があるのだそうです。そうした差は、各自の人生経験の違いによるもので、「適切な刺激と豊かな環境」に恵まれた人は、順調に神経ネットワークをつくり上げるのに対し、病気やストレスにおかされた人、毎日同じことを繰り返す単調な暮らしを続けている人、年をとって〝やる気〟を失い、無気力な生活に落ち込んでいる人たちの脳は惨めです。適切な刺激を受けないニューロンは次々と死に絶え、使われない神経回路は徐々に弱くなって、ついには消滅してしまうからです（ジョン・J・レイティ『脳のはたらきのすべてがわかる本』堀千恵子訳・角川書店、レベッカ・ラップ『脳みそゼミナール』渡会和子訳・原書房）。

「ダンマパダ」という仏教の聖典に「学ぶことの少ない人は、牛のように老いる。彼の肉は増えるが、彼の知恵は増えない」という言葉があるそうですが、「学ぶことをやめれば、ボケて牛や馬のようになってしまうぞ」という警告は、今でも有効です。最近の脳研究によると、四〇歳を過ぎると、脳のニューロンは平均して一〇年に五％ずつ減少し、七〇歳から先は、さまざまな要因が加わって、このプロセスにさらに拍車がかかるといわれています。つまり、七〇歳以降の人が何もしないでいると、「牛のように老いる」ことは間違いないということです。平均寿命が男女とも七〇歳に達していなかった一九六〇年代ならともかく、「人生九〇年時代」を迎えた現代では、何とかしてこのような事態は防がなければなりません。

私は、江戸後期の儒学者佐藤一斉の『言志四録』にある「少クシテ学ベバ、壮ニシテ為スアリ。壮ニシテ学ベバ、老イテ衰エズ。老イテナオ学ベバ、死シテモ朽チズ」という文章が好きです。「死シテモ朽チズ」というのは、その人徳、人柄が、人々の心に残る、という意味だと思いますが、「オレは決してボケなんかにならんぞ」という先人の決意が伝わってくるようです。この文章と、南博が『「老い知らず」に生きる知恵』（講談社）で述べている「若いときの勉強は、さまざまな知識を吸収し、社会という荒波に乗り出すためのものだが、中年からの勉強は、人生の締めくくりの時期を迎え、どう自分らしい人生をまっとうするかを発見するためのものである」という文章を合わせ読むと、中年以降の学習がいかに大切かが分かってくるように思います。

では、脳の老化を防ぐ学習活動としてどんなことをすればいいのか、具体的な方法を考えてみましょう。「学ぶ」ということは、机の上で勉強することだけではありません。脳が刺激を受け、最も活発に動くのは、新しい知識を得るときと、目新しい体験をするときですから、それを継続的にやればいいのです。私たちが、自分がこれまでやったことのないことを始めたり、体験したりすれば、ニューロンが刺激され、全く新しい「シナプス結合」が次々と形成されていきます。それこそが脳の成長であり、脳はそれを一番喜ぶのです。そういうとき、〝幸せの果汁〟と呼ばれる脳内の神経伝達物質・ドーパミンが分泌されることも、分かってきました。脳は自分が気に入り、心地よいと思うようなことをすればするほど鍛えられ、磨き上げられていくようです。そこで次に、脳が喜ぶ学習活動をいくつかあげてみました。

○読書する。

本居宣長が「たのしみはくさぐさあれど世の中に　書（ふみ）よむばかりたのしきはなし」（『鈴屋集』）とうたい、貝原益軒に「およそ万事のすることのなかで、読書の益にまさるものはない」（『楽訓』）と言わしめた読書。読書を、単なる「知的暇つぶし」

と考えたら、それは間違いです。最近の脳科学研究によると、人間の脳は、読書によって、物事を分析し、論理的思考を組み立てる「考える力」、他者の気持ちを読みとる、美しいものを美しいと感動できる「感じる力」、頭の中で自由にイメージを広げて、さまざまなものを推し量る「想像する力」、そして自分の考えや想像を文章や図形などで表す「表現する力」が鍛えられるのであって、読書こそ、脳を磨いて知的活動を活性化する卓越した精神行動なのです（川島隆太『天才の創りかた』講談社インターナショナル）。

「活字中毒」といわれるような人は、年間三〇〇冊以上も読むそうですが、そこまでやる必要はありません。図書館の貸出期間が通常二週間となっているのに準じて、借り出した本三冊を二週間で読み上げる、というのはどうでしょうか。そのペースだと、一ヵ月に最低で六冊は読めますから、年間で平均七二冊、二〇年間で一四四〇冊の本をこなすことができます（私も退職直後から、せっせと図書館通いをしました。「何か面白い本はないか」と、いろいろ読みあさっているうちに、「これだ」というものを見つけ、その系統のものを求めて、ほかの図書館にも行ったりしました。図書館への往復四〇分は、すべて徒歩。読書とウォーキングを重ねれば、脳は二重に喜ぶのです）。

○新しいことを学ぶ習慣をつける。

「新しいことでも毎日一五分ずつ学び続ければ、一年後にはエキスパートになれる」というアインシュタインの言葉を、どこかで読んだことがあります。一日のうち一五分から三〇分を、新しいことの学習にあててみる。そのためには、語学が最適でしょう。一〇四歳になった「しいのみ学園」園長昇地三郎の場合、語学の勉強は「最高の健康法」で、九五歳から中国語、一〇〇歳からロシア語、一〇一歳でポルトガル語、一〇二歳からはフランス語を学んでいるそうです（昇地三郎『100歳時代を生きぬく力』東洋経済新報社）。

○これまでやったことのない新しいことを習う。

何か新しいことを習おうと思ったら、周りには、いくらでもチャンスがころがっています。民間のカルチャーセンター、大学の公開講座、行政の市民大学、語学やパソコンの専門スクール、スポーツクラブ、専門スポーツ教室、通信講座、放送大学などなど、選ぶのは自由です。園芸、陶芸、絵画、彫刻、書道、写真、俳句、短歌、囲碁、将棋、楽器演奏、カラオケといった趣味でもいいし、ヨガ、太極拳、気功、合気道、社交ダンス、フラダンスといった健康・舞踊でも構いません。興味を持って、新しく始めることに意味があるのです。

○これまでやってきたことのスキルを高める。

同じ刺激の繰り返しでも、そこで使っているスキルと知識を高めようと努力すれば、脳は活性化します。料理の勉強をして、もっと腕を上げる、囲碁教室に入って段位をとる、大学の社会人コースで専門分野を学ぶなど、いろんなケースがありますが、最近は、各種の検定試験や資格試験にチャレンジして、段位や資格をとることが流行っています。

○同好グループに参加する。

各地の公民館施設には、たくさんの同好グループが生まれ、活躍しています。詩吟でもスケッチでもダンスでも、そのグループに加入すれば、地元の仲間と一緒に趣味を楽しむことができます。先生につくわけではないので、技能の本格的な上達はあまり期待できませんが、友人・仲間ができるのと、費用が安いことが、最大の利点です。

（学ぶことによって、脳は生理的に変化します。学習することは、脳の構造と機能が組織化され、その神経ネットワーク内に記憶が蓄積される過程にほかなりません。学べば学ぶほど脳の神経回路は増殖し、広範囲にからみ合ったそのネットワークには、私たちが学習したものすべてが蓄えられていくのです。脳で記憶として保存される情報の項目数は非常に多く、少なくとも数百万といわれますので、多く学ぶ人と、ほとんど何も学ばない人との差は、何十万項目という記憶容量の差となって現れてくるのかもしれません）。

遊びの再発見—趣味で生きる

ハーバード大学の「成人発達の研究」の責任者ジョージ・E・ヴァイラントは、「人生最後の二〇年を成功に導く決定的要素」の一つとして、「引退後に創造と遊びの能力を手に入れること」をあげています。その著書『エイジング・ウエル』（邦訳名『50歳までに「生き生きした老い」を準備する』米田隆訳・ファーストプレス）によると、家庭を築き、生計を立てている間は、常に遊んだり、創造性を発掘したりする暇はありませんが、退職後の生活をやりがいのあるものにするためには、いかにして遊ぶかを再発見しなければならない。遊びは、引退後の生活に最適の素晴らしい療法をもたらすので、創造性の発掘と並んで、第一義的な目標になるべきだ、というのです。

遊びを「生きがい」に結びつける点では、『死ぬ瞬間』シリーズの著者エリザベス・キューブラー・ロスも同じです。彼女は、著書『ライフ・レッスン』（上野圭一訳・角川書店）の中で「懸命に労働しただけでは、ほんとうに生きたことにはならない。私たちは生涯愉快に過ごし、遊ぶために地上に生まれてきた。遊びは単にこどもの気晴らしではなく、人生の力であり、生命力である。遊びは精神に若さを保ち、仕事に情熱を与え、人間関係の充実に役立つ。遊びは元気回復剤であり、回春剤である。遊ぶことは人生を最大限に生きることである」と書いています。そしてさらに「遊びとは、外的に表現された内的な喜びのことだ。笑い、歌、踊り、水泳、ハイキング、料理、ランニング、ゲームなどなど、やって楽しいことはみんな遊びである」とし、遊びの代表格として趣味をあげました。

確かに、遊びも趣味も、成果を気にすることなく純粋に楽しむためのもので、心の喜びと幸せを生み出す源泉といえるものです。また、いずれも報酬を目的とせず、家庭、社会から課された義務活動から離れた自由な行動であることも一致しています。ことに趣味の場合は、ロスが指摘しているように極めて領域が広大で、「芸術への接近からスポーツへの親しみ、手芸や園芸の技術習熟」に至るまで、さまざまに私たちの生を彩ってくれます。好きで楽しいからこそ、それに熱中するので、趣味が増えれば増えるほど、脳は喜び、心を込めれば込めるほど、前頭葉の各部位が活性化することになります。退職後の「第二の人生活動」において、遊びを再開発して「生きがい」を追求しようとするとき、最後に「趣味の選択」にたどり着くのは、当然の成り行きといえるでしょう。

そこでここでは、趣味の効用をあらためてとり上げ、趣味を選択するときの基準、趣味を生きがいにする方法などを次に考えてみました。

まず、趣味の効用ですが、南博は『老いに打ち克つ50章』(講談社)の中で、①趣味は表現欲を満たしてくれる②趣味は視野を広げ、人間性を深める③趣味は交友関係を広げる④趣味は脳の老化を防ぐ、の四項目をあげていますので、各項目ごとに検討してみましょう。

①の表現欲は、自分らしさを何かで表現したい、自分の考えを形にしたい、という「自己実現欲求」で、人間なら誰しも持っているはず。例えば、小説を書いてみたい、絵を描きたい、好みの楽器を自由に演奏してみたいなどなど、若年のころにはそんな夢を抱いていても、子育てと職業に追われる時代には、とてもそれを実現する暇はありません。退職して「毎日が日曜日」になったときこそ、もう一度その夢を掘り起こし、チャレンジしてみるチャンスなのです。もし、自分の表現欲を満たしてくれる趣味をものにすることができたら、万々歳。その人は後半生の「生きがい」を見つけたことになります。

②の人間性は、趣味を極めた人の持つ人間としての深みをいっているのです。趣味は、モノの生産ではなく、富や地位や権力に対する欲望とは無関係です。趣味に徹することができれば、欲と欲とがぶつかり合う「モノ」と「所有」の世界から離れて、内面の心的能力の成長を大事にする「心」と「存在」の世界に身を置き、豊かな心の喜びと幸せを味わうことができます。

③の交友関係はとても大事です。趣味は一人でやるよりも、何人か集まってやるほうがはるかに楽しく、共通の趣味を通じて、交友関係が広まっていきます。退職して

職場を離れると、職場の仲間や職場で知り合った友人たちとの関係が切れてしまいますが、趣味を始めれば、同じ趣味を持つ人たちと知り合いになり、新しい友人・仲間が生まれるのです。堺屋太一は、「近代工業社会が終われば、（現在見られる）職縁社会は崩壊し、これからは、それに代わる幸せ追求の共同体、好みの縁で繋がる好縁社会が形成されるだろう」と、『世は自尊好縁』（日本経済新聞社）で書いていますが、これから増える一方の高齢者たちが、次々と趣味を通じて仲間を広げていけば、好縁社会の形成も決して夢ではないかもしれません。

④の脳の老化防止の点は、私たちの周りを見れば、誰もが納得するでしょう。八〇歳を過ぎてなお元気に活動している人は、すべて多くの趣味をこなしている人です。仲間と一緒に趣味を楽しむことによって、彼らは常に若々しい脳を維持しているのです。ロスが指摘した通り、趣味が「元気回復剤」であり、「回春剤」であることは間違いありません。

次に趣味を選ぶときのポイントについて触れます。生きがいを趣味に託すためには、趣味を選ぶ際に、いくつかの注意が必要です。

○好きなこと、面白いことが判断の基準

遊びの本質が「面白さ」にあるように、それによって満足と楽しみが得られるからこそ、人は趣味を求めるのです。絵でもいい、書でもいい、俳句や写真や麻雀でもいい。自分が熱中できる趣味をいくつか見つけることができれば、それを交互に楽しむことによって、質の高い豊かな老年が期待できます。長い間やってもうまくいかない、どうも楽しくない、あまり好きになれないと感じたときは、いさぎよく切り替えて別のことにチャレンジしましょう。嫌いだったり、楽しくなければ決して上達しません。

○全く新しいことに挑戦してみる

趣味の対象は広大で、それこそ何でも可なりです。その中から自由に選んでいいといわれると、人はかえって選択に困るものです。安全策をとると、自分の経験したことの中から、つい選んでしまいますが、これからは、馬車馬のように働いてきた人生を軌道修正し、自分が最も自分らしく生きるチャンスです。この際、全く新しいことに挑戦し、新しい可能性に賭けてみたらどうでしょうか。新しい趣味の発見は、自分の内面にひそんでいる心理的、知的、精神的な潜在能力を、最大限に引き出してくれ

るかもしれません。

○趣味は多ければ多いほどいい

趣味の数は、少なくてはいけません。ゼロは最低ですが、一つ、二つでは、長い老後を乗り切るのに十分ではありません。趣味活動は体調に左右されますから、若いころにはできた趣味でも、いつまでも可能だという保証はないのです。興味の対象を広げて、いつでもできる趣味を最低でも五つ以上は持っていることが望ましい。イギリスの哲学者バートランド・ラッセルは、あの有名な『ラッセル幸福論』の中で、こう書いています。「フットボールを観て楽しむ人は、その分だけ、楽しまない人よりもすぐれている。読書を楽しむ人は、そうでない人よりも、なお一段とすぐれている。読書の機会は、フットボールを観る機会よりもずっと多いからである。人間、関心を寄せるものが多ければ多いほど、ますます幸福になるチャンスが多くなり、また、運命に左右されることが少なくなる。仮に、一つを失っても、もう一つに頼ることができるからである。」

○ボケ防止に役立つ趣味を

手は「外部の脳」ともいわれており、手を使うと脳が鍛えられます。ピアノや太鼓や笛などの楽器を使った音楽をはじめ、絵画、書道、彫刻、陶芸、料理などもそうです。画家はとりわけ長生きで、奥村土牛（一〇一歳）梅原龍三郎（九八歳）熊谷守一（九七歳）前田青邨（九二歳）横山大観（九〇歳）などがお手本になります。

○賭けごとはNO、テレビは控えめに

お金で買える趣味、お金がかかる趣味は、気晴らしにはなっても、長続きしません。ギャンブルやパチンコなどがそうです。『趣味のすすめ』（文藝春秋）の中で、フランス文学者鈴木信太郎は、「遊戯の純真性や清潔さを愚鈍にかつ不作法に打ち壊して汚染する感がする」として「賭けという行為」だけは認めませんでした。たばこや過度の飲酒のように、嗜好品に依存する趣味も、結果的に健康に害を及ぼし、決して人生に実りをもたらしません。年をとったら、楽しみを外に求めず、自分の知的、精神的活動要求に素直に従うべきであって、お勤め時代に身に付けた悪しき習慣は、一刻も早く清算したほうがいいでしょう。

ついでに付け加えると、テレビの見過ぎも、改めた方がよさそうです。テレビの映像は、論理的に筋の通った刺激を思考に与えるのではなく、素早い動きによって興奮を生み出すだけですから、長く見続けると、脳の論理的推理能力は無力化し、注意力が散漫になってしまいます。川島隆太教授の調べでも、テレビを見ているとき、脳は休眠状態で、前頭前野は全く働いていません。テレビを見ると前頭前野の血流が下がり、じっと眼を閉じているときよりも、さらに働きが悪くなってしまうのだそうです。だから何時間でも疲れなしでテレビを見ていられるのであって、ボケになりたくなければ、テレビの見過ぎは控えたほうがいいのです。テレビの視聴時間が週に一時間増えるごとに、肥満が二％増加するという調査結果も出ています。

人間関係の重み——貢献する生きがい

これまでの西洋医学は、高血圧や高コレステロール値、喫煙、肥満などの危険因子が、深刻な病気を引き起こすとして、多大な関心をはらってきましたが、最近になって、高齢者が健康を維持するためには、そういった身体的要因以上に、質の高い人間関係を保つことが重要だ、と結論づける研究機関が増えてきました。日本をはじめとする先進諸国において、老人の孤独死が問題になったこともあり、今や、長期間にわたる孤独が寿命を縮める致命的な危険因子の一つだとする見解に反対する者はいません。

ジョン・W・ローウェらの『サクセスフル・エイジング』によれば、「社会関係と長寿を結びつける考え方、周囲（夫婦や家族や友人）の支持が社会関係の中核に位置するという発見、周囲の支援は高齢者にとって特別な意義があるという見方は、徐々にだが確実にその正しさが証明されてきた」とし、「一般的には、配偶者や家族との関係、友人関係、同僚との関係など、人とのきずなが強いほど、長生きする。逆に人間関係の希薄な人は、年齢や人種、社会経済的地位、肉体の健康、喫煙の有無、飲酒量、肥満度、保健サービスの利用度などとは無関係に、死亡リスクが二〜三倍に上昇する」と述べています。

ベティ・フリーダンの『老いの泉』でも、エール大学の七〇〇〇人に及ぶ長寿者の疫学調査を引用し、年齢に関係なく、比較的孤立した人たちの死亡率は、強い社会的きずなを持っている人たちの二・五倍の高さだったことをあげています。そして、社会から隔離された施設で暮らす高齢者たちが、地域社会に住む高齢者よりも早死にするという例を加えて、「家族以外の友人とのきずなは、配偶者や子供とのきずなと同じくらい、もしくはそれ以上に、長命で生き生きとした老年期を過ごすために重要だ」と強調しています。

日本でも厚労省の研究班が、「一緒に暮らす家族や、気を許せる友人がいないなど、社会的な支えのない人は、脳卒中で亡くなる危険が高い」という報告を出しています。この調査は、一九九三年から一〇年間、茨城、高知など五県の四〇～六九歳の男女四万四〇〇〇人を追跡調査したもので、最も支えの少ないグループの脳卒中による死亡は、最も多いグループに比べ、男は一・六倍、女は一・三倍。六五歳以上の男では、支えの少ない人ほど脳卒中の発症が多かったといいます(奥村康『「まじめ」は寿命を縮める「不良」長寿のすすめ』宝島社新書)。

仲間とのつながりを失った孤独な人間は、ゲージに一匹だけ入れられ、刺激の全くない環境で育てられた実験用ラットと同じようなものとみていいでしょう。コミュニケーションをとる相手がいなければ脳は全く働かず、脳細胞はやがて死滅し、周りに心を癒してくれる親密な人がいなければ、ストレスが高じて、すべての免疫力を失うことになります。「われわれは、一人では生きられない」というハーマン・メルヴィルの言葉は、確かに的を射ており、互いに共鳴し合える人間関係は、心のビタミンのようなもので、健康な老年期を過ごすためには必須不可欠のものなのです。

そこで、私たちが退職した後の人間関係の構築をどうするかを、あらためて考えてみましょう。職場を離れれば、職場の仲間とは別れ、仕事の関係で知り合った人たちとも疎遠になってしまいます。人生五〇年時代なら、退職のあと間もなく寿命が尽きましたから、何も問題はありませんでしたが、退職後二〇年も三〇年も余命のある現代では、退職後に新しい人間関係をうまくつくれるかどうかが、老後の明暗を分けることになります。ジョン・W・ローウェらの『サクセスフル・エイジング』は、「積極的に社会とかかわる」ことを人生後半を成功させる三要素の一つとしてあげ、①新しい友人を見つけ、親密な人間関係を維持すること　②活動の中心を有償労働から有益なボランティア活動に切り替えること、を提案していますので、この二点を中心にくわしく検討してみることにします。

まず、新しい友人を見つけることですが、退職後の「友人関係」は、仕事で結びついた「職縁関係」から、近所付き合いが中心となる「地縁関係」と、趣味や好みの縁で結ばれる「好縁関係」に移行することを意味します。これからは、在宅時間がぐんと増えるのだから、隣近所とは親しく交際し、できれば、困ったときには助け合うくらいの関係になることが理想的。配偶者に先立たれて一人暮らしになることがあっても、そういう友人、隣人がいれば、遠くの親戚よりも頼りになります。もし、そういう関係をつくりたければ、いくらでも方法はあります。まず、笑顔の挨拶を忘れず、誰とでも会話を交わして、ご近所から認められるよう努力すること。そして、町会主催の会合にはせっせと顔を出し、人の嫌がる裏方を買って出て、ボランティア精神を大いに発揮すれば、そのうちアテにされ、頼りにされるようになります。

女性と違って、男性には近所付き合いが苦手な人が多いので、そういう人は、趣味の縁をたどって仲間を見つけるという方法をとればいい。地元の公民館施設で活躍する趣味グループや同好会に参加すれば、地元で同じ趣味の仲間を探すことができるし、カルチャーセンターや各種の教室に通えば、もっと遠い所に住む〝同好の士〟とも知り合うことができます。趣味で結ばれた友人は、利害がからんでおらず、性別や年齢の差も関係ないので、職場の仲間とは全く違う新鮮味があります。どうせ暇なのですから、絵のグループに入ったら、次は旅行のグループに加わるという具合に、複数のグループに加入して、いろいろ試してみたらどうでしょう。運がよければ、尊敬できる先輩や、心を許し合える友人と巡り合い、生涯の生きがいとなる趣味をものにすることができるかもしれません。

趣味を楽しむグループや同好会、あるいは、さまざまな関心を追う勉強会や学習会などに加入することの利点は、家庭の外でコミュニケーションの輪が広がることです。誰かれと知り合いになれば、互いの表情を読みとりながら、面と向かって話し合います。集団の中にいれば、嫌でも場の空気を読むことも必要です。恐らく私たちの脳は、そういう集団の中に加わることによって活性化し、その回数が増えれば増えるほど、脳は鍛えられることになるでしょう。進化の歴史をたどってみると、人間が進歩してきたのは、集団で生活してきたからです。人間の脳も、たくさんの脳（人間）に囲まれて、互いに刺激し合い、活発に情報をやりとりするのが本来の姿であったに違いありません。私たちは、アルツハイマー病を防ぐためにも、「運動し、食事に気を使う」ことのほかに、「頭を使い、人と交わる」ことが必要なのです。

次に、新しい友人づくりと並行してとり上げなければならないのが、ボランティア活動です。日本では、ボランティアを「無償の慈善行為」として捉える人が多く、それを行うには少なからぬ「自己犠牲」が必要だと考えられていましたが、そういう考え方は、今や、全くの時代遅れとなりました。「人助け」とか「哀れみ」とかではなく、「ボランティア活動をするのが楽しい」という理由から、ボランティアをする人が増えてきたからです。専門学者の表現によると、「〝助ける〟ことと〝助けられる〟ことが融合し、誰が与え誰が受け取っているのか区別することが重要ではないと思えるような、不思議な魅力にあふれた関係発見のプロセス」（金子郁容『ボランティア　もうひとつの情報社会』岩波新書）がボランティアだ、ということになります。

ボランティア活動で気持ちがよくなり、楽しくなるのは、脳が喜んでいるためだということも分かってきました。他に利する生き方をしていると、脳はネガティブ・ストレスから解放され、生き生きした活気を取り戻すことができるのです。筑波大学名誉教授村上和雄は、著書『遺伝子オンで生きる』（サンマーク出版）の中で、「他人のためになる生き方は、遺伝子オンに働きかける効果が大きいようだ」とし、「他に利する生き方をしていると、恋とか競争とか、出世とか、人を陥れるとか、憎むとか、恨みに思うといったドロドロした人間ドラマとは、無縁でいられるので、健康にもよいし、いつも元気いっぱいでいられると思うのです。人間というのは不思議なもので、同じ苦労でも自分の慾得でやるときは、こだわりが強いのか、結構疲れます。ところが純粋に人のためと思ってやるときは、なぜかイキイキワクワクできる」と述べています。

ボランティア活動を、「自己を成長させ、自己実現につなげる体験学習」と位置づける人もいます。俳優業を続けながらボランティア活動家として知られた牟田悌三（一九二八～二〇〇九）で、「可哀そうだからしてあげるという発想では、してもらう側との間に対等な人間関係は生まれない。してもらう側も、もらってばかりという心理的負担を持ってしまいがちになる。そんな日常の連続では疲れてしまう。ボランティアとは、自己犠牲による奉仕というよりも、自己開発であり、自己実現につながる道ではないか。つまり、自分のための体験学習だと考えるにいたって目のウロコが落ちた。自分の学習と考えれば、授業料を払うことはあっても、報酬をもらうわけにはいかない」と、『学士会会報』（833号）に書いていました。

一九九二（平成四）年に生涯学習審議会が出した「ボランティア活動重視」の答申も、牟田説と同じような考え方をしている点が注目されます。この答申のポイントは、ボランティア活動の支援、推進を、生涯学習の重要な課題とし、①ボランティア活動自体が生涯学習である②ボランティア活動のための学習が必要になる、という結論を出したことです。このため、高校、大学においても、ボランティア活動に関連する科目が単位として認められるようになったのですが、それによって日本のボランティア活動が活発になったという効果は、残念ながら、まだ出ていません。

大体において、日本人のボランティア活動は、欧米に比べて極端に見劣りします。アメリカは人口二億四千万人、日本の倍もありますが、そのうち八千万人は何らかのボランティア活動をしているとのことです。日本でボランティア活動をするのは、人口約一〇〇人に一人という〝少数派〟だそうで、とても比較になりません。こんなにも差が開いてしまった原因としては、宗教や教育の違いがまず考えられますが、アメリカと日本では、人々のボランティアに対する考え方にも、大きな違いがあるような気がします。

アメリカ人の場合は、他人のためとか、社会のためとかいうよりも、「自分がやりたいからやる」のであって、自分の楽しみや成長のために、老後の「生きがい」としてボランティア活動をする人が多いのではないでしょうか。元桜美林大学大学院老年学教授で、人間総合科学大学保健医療学部学部長になった柴田博の『元気に長生き元気に死のう』（保健同人社）によると、アメリカでは、ボランティア活動のような利他主義の効用についての研究がさかんに行われ、「ボランティア活動をしている老人は、寿命がのびるだけでなく、免疫力も向上する」という研究成果が出されています。つまり、ボランティア活動することは、ただ楽しいだけではなく、健康長寿を保つ秘訣でもあるわけで、アメリカではそれが常識になっているのでしょう。

日本における健康長寿者のお手本といえば、昇地三郎（一九〇六年生まれ）と日野原重明（一九一一年生まれ）のお二人ですが、この二人に共通しているのは、生活時間の主要部分を使ってボランティア活動をしていることです。昇地三郎のボランティア活動は、「世界最高齢の現役教育学者」として各地で講演することで、九九歳のときから連続四年間も世界一周の講演旅行を続けました。一周旅行に出かけると、四〇～六〇日かけて各都市を回り、一都市につき一講演、帰国までに二〇回ぐらいの講演をこなすそうです。日本国内でも講演依頼が殺到し、三年先までスケジュールが決まっているとか。こうした切れ目ないボランティア活動が、彼の生きがいとなり、一〇四歳の長寿を支えていることは間違いありません。

日野原重明の場合も同じです。朝八時には病院に出勤し、夜八時に帰宅する毎日ですが、病院での仕事も診察も、すべてボランティアです。講演会などは、頼まれれば全国どこへでも出かけますが、それもボランティア活動の延長です。日野原は「ボランティアの良いところは、のびのびとした気持でできるという点です。現役時代は、いやな仕事を上役からも部下からも、押しつけられることがあり、ストレスに悩まされることもありますが、ボランティアだとそういうことがありません。しかも自分の時間を投資して、人に感謝され、世の中の役に立つのですから、多少の無理をしても疲れません。それに、お金もかかりません。それがボランティアというものです。そして、このボランティアの心によって、人間は形成されていくのです」と、著書『生きるのが楽しくなる15の習慣』（講談社）の中で書いています。

［補注］　アメリカのシニアボランティア

アメリカで高齢者（シニア）のボランティア活動がさかんになった理由の一つとして、全国どこに行っても、ボランティアを受け入れる体制が整っていることがあげられます。アメリカに暮らす日本人たちの老後をレポートした斉藤弘子とマサミ・コバヤシ・ウィーズナーの共著『老いを生きるためのヒント』（ジャパン　タイムズ）には、くわしくその状況が書かれているので、その一端をここに紹介しましょう。

アメリカでは、地域ごとにボランティアセンターがあります。人口二〇～五〇万人ぐらいの町なら一つ、一〇〇万人以上の町なら一～三カ所程度設置され、そこでは、地域内にある非営利団体でボランティアを募集しているところと人を電話で紹介し、マッチングサービスをしてくれます。シニアのボランティアがさかんな町では、シニア専門のボランティアセンターがあり、それぞれ特色ある活動をしているそうです。

首都ワシントンには、国立の美術館・博物館が二〇カ所ほどありますが、すべて一般に無料開放しており、そこではシニアボランティアが受付や案内ガイド、コート係として活躍しています。ワシントンに限らず、各地の美術館、博物館、図書館、病院、空港、駅、学校、教会などの公共施設には、必ずといっていいくらい、シニアボランティアがいます。一人あたりの活動する時間は少なくても、それなりの責任と誇りと知識を持って仕事をするのです。

外からは見えませんが、市、郡レベルの芸術振興協会や非営利団体の理事も、ほとんどがシニアのボランティア、選挙の投票所での選挙監視人は九割がシニアです。学習能力に問題のある子どもたちを自宅へ招いて、読み書きなどを一対一で教えていくボランティアもあれば、オンブズマンなどでシニアの住む施設の環境維持を監視して回るというのもある。そのほか、非営利団体の基金集めや、社会問題について法的解決に訴えるための署名集めにも、シニアボランティアが大活躍し、数多くあるアルツハイマーセンター、シニアのデイケアセンター、エイズケアギバーセンターなどにも、多くのシニアボランティアがいます。

このレポートには、自分の技術を登録しておいて、それを使いたい人から連絡をしてもらうというスキルバンクの制度や、全米引退者連盟の多彩な活動も紹介されており、シニアボランティアの可能性にはキリがないことが浮き彫りにされています。問題は、それを受け入れて活用するかどうかなのです。

第五章　花開く老年期

解放された八〇代

老年期に待ち受けた数々の地雷原を、ようやく突破できたと私たちが気付くのは、恐らく、八〇歳になってからでしょう。世界一の長寿で、平均寿命が八五歳を超す日本の女性は、比較的スイスイと八〇歳に到達しますが、平均寿命が八〇歳に満たない男性の場合は、そう簡単には参りません。男性の六〇代から七〇代にかけての二〇年間は、がんをはじめ、心臓病や脳卒中などが起こりやすい時期で、この三大病による男性の死亡率は、女性の二倍に達します。とりわけ七五〜七九歳の間は、最も死につながりやすい危険な〝難所〟とされ、無事それを乗り越えないと、八〇歳に到達できないのです。

「はじめに」でも紹介したアメリカ・ハーバード大ヴァイラント教授の「成人発達の研究」では、地雷原突破に成功した「幸せで健康な人」と、それに失敗した「早死にする人」「惨めで病んでいる人」との差はどこで生じたかを、かなり明晰に分析していますので、八〇歳のカベを破れるのはどんな人か、まずそれから見てみることにしましょう。

この研究でちょっと意外だったのは、八〇代までの生存確率に大きな較差（かくさ）があったことです。統計上では、一九二〇年生まれの白人アメリカ人男性が八〇歳を超えて生きる確率はわずか三〇％でしたが、被験者となった一九二一年生まれのハーバード大卒業者たちは、その二倍にあたる六〇％が八〇代まで生存しました。被験者たちは、いずれも白人男性で、中流階級以上の出身。知能指数が高く、その七六％が大学院の学位保持者で、五〇歳時の平均年収は一〇万五〇〇〇ドルという比較的恵まれた人たちでした。

しかし、調査責任者のジョージ・ヴァイラント教授によると、生存率を分けたのは、知能指数や両親の収入などのせいではありませんでした。学歴の低い人に短命者が多いのは、「アルコールとたばこの乱用」など不健康な生活習慣が原因であって、学歴の高い富裕層でも、五〇歳ごろまでに良好な生活習慣を築くのに失敗すれば、八〇歳までは生きられないのです。つまり、五〇歳ごろの生活習慣の良否が、三〇年後の運命を決めるというのが同教授の結論で、八〇歳長寿をもたらす保護要因として次のような六項目をあげています。

①　非喫煙者か、若い頃に喫煙をやめていること。
②　アルコール依存症がないこと。
③　肥満がないこと。
④　適度の運動。
⑤　安定した結婚生活。
⑥　成熟した防衛機制（ささいなことを大げさに騒ぎ立てず、逆境をうまく利用するストレス対応能力）。

ハーバード大の被験者の中には、五〇代のころに、これらの保護要因を五、六項目持っていた人が一〇六人いましたが、そのうち半数が「幸せで健康な人」になって八〇代を迎え、「惨めで病んでいる人」になったのは八人だけでした。これと対照的に、四項目以下の要因しか持たなかった六六人は、三分の一に当たる二一人が「惨めで病んだ人」になってしまい、「幸せで健康な人」として八〇歳を迎えた人は一人もいませんでした。保護要因が二項目以下しかなかった七人の場合はもっとひどく、全員が八〇歳までに亡くなっていました。

日本では、人口の高齢化とともに七五歳以上の「後期高齢者」が増えており、二〇一〇年には総数一四二三万人に達して、ついに総人口の一一％を超えましたが、そのうち八二六万人（総人口の六・五％）は八〇歳以上の高齢者です。同年齢の人が八〇歳まで生き残れる確率を、厚労省の「簡易生命表」で見てみると、現在八〇歳で生存している男性は、一〇万人中の五万七一〇三人で、四割強はすでに亡くなっており、生存率は約五七％ということになります。この数字は、ハーバード大卒業生の被験者たちよりはやや低いのですが、日本の女性のほうは、一〇万人中、七万七八八八人が八〇歳まで生きており、生存率はなんと約七九％。平均余命も一一・四二年で、九一歳までは生きられる勘定です。日本の女性は、〝働き蜂〟だった男たちと違って、ヴァイラント教授のあげた長寿の保護要因を、①禁煙から⑥ストレス対応まですべてをクリアしているケースが多く、このような驚異的数字になったのでしょう（最近の若い女性は、男並みに喫煙と飲酒をする人が増えてきましたから、将来どうなるかは分かりません）。

そこで、次に問題になるのは、八〇歳以前と以後とでは、どこがどう違うのか、人間は八〇歳以後どのように老いるのか、という点です。「難所を通過した男性は、長生きマラソンのスター選手だ」（トーマス・T・パールズ）と太鼓判を押す学者もいますが、それは本当に確かなことなのでしょうか。実は、私が八〇歳に達したとき、一番気になったのもこの問題でした。このため、いろんな資料に当たってきたのですが、八二歳の誕生日を迎える最近になって、ようやく自信を持って言えるようになりました。それは、生涯の夕暮れ時を飾る「ゴールデンタイム」がこれから到来するという〝予感〟です。「花開く老年期」が、八〇歳から始まったのです。

なぜ、「ゴールデンタイム」なのか。その理由を以下に並べてみます。

一、〝老いの神話〟からの解放

私は、七四歳から七八歳の間に、大腸がんを皮切りに、転倒による右足関節粉砕骨折と脊椎管狭窄症の手術で三回も入院しましたが、八〇歳になったときは、まるで厄払いでもしたように、すっかり元気になっていました。私は現在、いくつもの趣味のグループに入っていますが、そこに所属している八〇歳以上の仲間もみな元気で、衰えを見せずに活躍しているのが目立ちます。確かに、感覚器官や運動器官は若い頃に比べて鈍くなりましたけれど、決して動けなくなったわけではありません。鈍くなったということは、何かしようと思ったことと、実際にするということとの間に、時間的なズレが生じたということであって、動物に特有な素早い反射的行動から、人間的な深みのある慎重な行動に変わったと考えればいいのです。吉本隆明は、こうした変化を「老人は超人間になる」と表現しています（『老いの超え方』朝日新聞社）。

老化というと、一般に何でもどんどん衰えていくと捉えられていますが、それが明らかに間違いであることを証明しているのが、八〇代、九〇代の高齢者です。やる気を失わず、日頃から鍛えていれば、脳の神経細胞は再生を繰り返し、筋力や平衡能力、歩行能力も失われないことが分かってきました。人間の老年期を、衰退に至る一方的な下り坂とみなす〝老いの神話〟よりも、「年をとるというのは、能力を失うことではない。変わることだ。進化することだ。いや、成長することだといってもよい。私たちはいつも変化の途中にいるのである」（モーリス・マスキノ『老いてこそ』原書房）と考えるほうが、はるかに魅力的です。

二、死の恐怖からの解放

地雷原をさまよっていた六〇代、七〇代の間は、いつ〝お呼び〟がかかるのだろうと、いつもビクビクしていました。この時期、私の肉親や親しい友人たちが、何人もがんや心臓病で亡くなっていたからです。しかし、無事八〇歳で傘寿を祝ってからは、すっかり気持ちが楽になりました。貝原益軒が『養生訓』の中で、「中寿」として合格点を与えた八〇歳（「上寿」は一〇〇歳、「下寿」は六〇歳）を超えたことで、これからが楽しみになり、自分の幸運を感謝する気持ちもわいてきて、死への悩みや恐怖がふっ切れてしまった感じなのです。「死を覚悟して迎える」というよりも、「死に慣れる」という感じで、来るべきものが来るという自然の経過に、身を任せる気持ちになったと言っていいでしょう。

現実の問題として、八〇歳を過ぎると死亡率が減少し、六〇代、七〇代に比べて死の可能性が少なくなることも分かっています。一九世紀にイギリスの保険数理士、ベンジャミン・ゴンペルツによって発見された「ゴンペルツ曲線」（生存曲線）によると、三〇歳以後、人間の死亡率は七年ごとに二倍になりますが、八〇歳を超えると、このパターンは崩れて死亡率が低くなり、ゆるやかな曲線が一〇〇歳まで続くのです。極端な高齢になると、死亡率が減少することは、ハエの研究でも証明されており、ヘイフリックは『人はなぜ老いるのか―老化の生物学』の中で、「六五歳から八〇歳という最も病気にかかりやすい時期を、その頑丈さが大であるために幸運にも通り抜けたヒトは、その後の死の可能性が少なくなるのである」と書いています。

三、競争社会からの解放

賃金労働のしがらみから解放されてからすでに一五年以上経過しました。いつまでも仕事にしがみつき、「鎧と兜」を着たまま、ストレスの中に身を置いた連中で生き残っているのは、ほんの一握り。その反対に、仕事から離れたことで生きがいを失い、すっかり無気力、無関心になって、惰性的な生き方をしていた人たちも、大部分はすでに亡くなりました。八〇歳を過ぎた今も、生き生きと元気に活動しているのは、「毎日が日曜日」なのを利用して、自分のやりたいことを次々に見つけて、毎日を楽しんでいる人たちなのです。「生涯現役」という言葉は、「死ぬまで働け」と言われているようで、私はあまり好きではありません。ダニエル・レビンソンが著書『人生の四季』（邦訳名『ライフサイクルの心理学』南博訳・講談社学術文庫）の中で指摘しているように、「老年期はもう支配世代ではないから、あまり人から認められなくなり、権威や権力も小さくなるが、その代わり、社会に対して当然払うべきものを払ったお返しとして、自分を大切にし、自分にとって最も大切なことをする権利を手に入れたのです。もう仕事と遊びを区別する必要はない。心の奥底から直接わき上がってくる興味を大事にして、真剣にしかも楽しんでそれに専心できる」のです。

四、我欲からの解放

所有欲、権力欲、性欲がぶつかり合う壮年期に比べると、老年期にはそうしたギラギラした欲望がなくなり、日々の生活をありのままに楽しもうという気持ちが強くなります。好きな作家の本を読みふける。仲間と囲碁や麻雀で遊ぶ。お茶を飲みながら近所の人とおしゃべりをする。老人クラブで温泉旅行をする。そういったお金のかからない楽しみが、生活の中心になってくるのです。ベティ・フリーダンは、これを「老後の魂の平安」と呼び、『老いの泉』の中で次のような友人の言葉を引用しています。「心の不安や不満、野心から解放され、自分自身を受け入れる。あれをしたい、これをしたい、人に負けたくないという厄介な問題とは縁がなくなった。どうしても手に入れようと思ったり、野心的に懸命の努力をしたりする境地とは手を切った。そして周囲を見回して悟った。これこそ黄金時代であり、魂の平安だ。自分が何であるか、どこにいるのかをあるがまま受け入れる。だから八〇歳代が好きなのだ。」

五、家族幻想からの解放

人口高齢社会の特色の一つは、高齢者の単独世帯が増えることです。一九七〇年には四三万世帯しかなかった高齢者の単独世帯は、二〇一〇年には四三〇万世帯となり、四〇年間で一〇倍にふくれあがりました。二〇二〇年には、さらに増えて五三七万世帯（このうち男性は一七六万世帯、女性は三六〇万世帯）になると予想されています。このような高齢者の単独世帯の増加は、未婚率や離婚率の上昇、配偶者との死別後も子供と同居しない高齢者が増えていることなどが原因と考えられ、二一世紀の八〇歳代も、いずれは単独世帯になることを覚悟しなければならないでしょう。

同居する家族がなく、一人で暮らすというのは、一種の冒険です。しかし、その冒険を避け、終身介護付きの施設に逃げ込むようなことをすれば、老年期の可能性は失われ、地域社会とのつながりも切れて、結局は早死にしてしまうことになります。食事・

掃除・洗濯は大変ですが、できるだけ何でも自分でやるようにして体は使えるだけ使ったほうが、健康に良いし、余ったたっぷりの時間は、誰にも気兼ねなしに自分の好きなことに熱中できます。こうした一人暮らしをエンジョイするのは、男性よりも女性のほうが得意で、一〇〇歳長寿者の八七％は一人暮らしの女性です。

人生の第九段階

二一世紀に入って、日本やアメリカなど先進諸国では、八〇歳のカベを超すスーパー・オールドが急速に数を増しています。日本の場合ですと、八〇歳以上の高齢人口は、二〇一〇年に八二六万人となって初めて八〇〇万人を超えました（六歳から一一歳までの日本の小学生は、全部合わせて七〇九万人ですから、それより一〇〇万人も多い数字です）。「古稀という語が死語になる長寿国」という川柳が示すように、七〇歳の祝いは、全く有難味を失いましたが、八〇歳を祝う「傘寿」も、今では、単なる「通過点」になりつつあります。八〇歳といえば、お釈迦様が亡くなられた年です。普通に生まれ育った、これほど多くの人間が、悟りを開いたお釈迦様よりも長生きするようになるとは、一体誰が予測したでしょうか。

レオナード・ヘイフリックの著書『人はなぜ老いるのか―老化の生物学』に掲載された「古代から現代までのヒトの出生時の余命」表を見ると、人類の平均寿命の歴史が分かります。それによると、約一〇万年前から青銅器時代のギリシャまでは、乳幼児と小児の死亡率が途方もなく高いために、新生児の余命はおよそ一八年くらいしかありませんでした。それが約二〇〇〇年前のローマでは二二歳、中世のイギリスでは三三歳に延びていきます。しかし、その後の延びは鈍く、一七世紀末で三三・五歳、一八世紀後半でも三五・五歳にとどまり、一九世紀半ばのイングランドでようやく四〇・九歳と四〇歳を超しました。その後はアメリカの統計になりますが、二〇世紀初頭には四九・二歳だったものが、一九四六年には六六・七歳、一九九一年には七五・七歳に急伸しています。アメリカで現在最も急速に数が増えているのは、八五歳以上の人々で、ヘイフリックは「二一世紀に大いに増えることになる唯一の年齢グループは八五歳以上の人々である」と予言しています。これまでの「老人」に関する研究書を見ると、すべて七〇歳代の記述で終わっており、八〇代、九〇代については抽象的にしか触れていません。二一世紀を迎えるまでは、八〇歳を超えて生きる人はまだ例外ですから、研究材料が決定的に不足していたためと考えられます。普通の人が八〇代、九〇代まで生きるという状況は、人類で初めての経験なのですから、それも無理はありません。そこでここでは、私たちの祖先が「老年期」をどのように捉えていたのか、平均寿命が八〇代、九〇代まで延びると、それがどう変わるのかを、昔の人がつくった「人間の年表」と、最近の「ライフサイクル論」をもとに調べてみることにしましょう。

まず最初に登場しなければならないのが、『論語』の「為政第二の四」に出てくる孔子の言葉です。

われ十有五にして学に志す。
三十にして立つ。
四十にして惑わず。
五十にして天命を知る。
六十にして耳（みみ）順（したが）う。
七十にして心の欲する所に従いて矩（のり）を踰（こ）えず。

この言葉には、「老い」を衰退と決めつけ、「老年」を下り坂の人生とみなす考え方は全くありません。それどころか、老いることを人間としての成熟、成長と捉え、七〇歳でそれが完成するとしたところに大きな意義があります。残念なのは、七〇歳で止まってしまい、その上がないことです。今から二千数百年前の中国春秋時代の「七〇歳」が、現代では何歳に該当するかについては、「プラス三〇歳案」や「プラス一〇歳案」など、さまざまな意見があります。「プラス一〇歳案」だと、「七十にして耳（みみ）順（したが）う」「八十にして矩を踰（こ）えず」となり、案外ぴったりかもしれません。

ヨーロッパでは、紀元前七世紀ごろのギリシャの詩人ソロンの「人間の年表」が有名です。彼は七年を単位として、七〇年の人生を一〇段階に分けました。三五歳以上の五段階は次のようになります。

三十五～四十二歳　心が徳に開いて広がり、無益な行為はしなくなる。
四十二～五十六歳　言葉と精神の全盛期。
五十六～六十三歳　まだ有能だが、話や才知の面では全盛期に比べて精彩に欠ける。

六十三〜七十歳　ここまで生きてきた者は、死という引き潮にのって立ち去るときとなる。

ここでは、五〇代の後半から、（老化の影響か）話や才知の面で精彩に欠けるようになり、六三歳から七〇歳の間に、みんなが引き潮にさらわれるように死んでゆきます。パット・セインの『老人の歴史』（木下康仁訳・東洋書林）によると、一六世紀から一七世紀を通じて、ヨーロッパでは、人生を一〇年ずつで区分する「一〇段階ライフサイクル論」が一般的だったそうです。この区分は、次のように一〇歳から始まり、一〇〇歳で終わります。

十歳—子供
二十歳—若者
三十歳—成人
四十歳—しっかりと立つ
五十歳—家庭を持ち繁栄する

六十歳―身を引く
七十歳―魂を守る
八十歳―世の愚か者となる
九十歳―子供にからかわれる
百歳―神の恵みを受ける

これを図像化してみると、左右が低く、中央部分が最も高い山の形となり、人々は左側の一番低い「少年期」の段階から頂点の「中年期」を目指して段階を上り、最後は最下段の「老衰期」に下っていくことになります。「八十歳」になると愚か者としてバカにされ、「九十歳」では、その痴呆ぶりが子供たちにからかわれてしまう。「老年期」を人生最低の「老衰期」とする見方は、「老いの神話」が描く構図とそっくりです。一〇〇歳の存在は、当時としては奇跡ですから、神の恩寵としたのでしょう。

こうした「老い」をマイナスとみる「ライフサイクル論」を覆すには、二〇世紀になって、「老い」を成人の発達段階とする新しいライフサイクル論が誕生するまで待たなければなりませんでした。「成人発達が衰退ではなく進歩である」と明確に概念化した最初の社会科学者がアメリカのE・H・エリクソン（一九〇二～一九九四）で、彼は、人間の全生涯を次のような八つの発達段階に分け、独自のライフサイクル論を展開しました。

①　幼児期
②　児童初期
③　遊戯期
④　学童期
⑤　思春期
⑥　成年前期
⑦　成年期
⑧　老年期

これらの八つの段階は、それぞれ課題と危機を抱えているが、人間はそれをうまく乗り越えることによって成長し、個性化していくというのが、エリクソンの考え方です。老年期は、人生の最終段階で、死を目前にした老人たちは、もう人生のやり直しがきかないという絶望感と闘いながら、これまで人生で経験したことを統合し、人間の諸問題を全体的に捉えようと努力します。彼によれば、この絶望感に打ち勝ち、人生を全体的に眺める「統合」の感覚を身に付ければ、残された未来を生き抜くための英知を手に入れることができるのです。「老年期」は成人発達の頂点であって、「死に向かって転げ落ちる」のではなく、「死に向かって成長する」のです（『老年期』朝長正徳、朝長梨枝子訳・みすず書房）。

エリクソンの「八段階」には、八〇歳以上の高齢者は想定されていなかったため、新たに八〇代、九〇代を対象とする「第九段階」を設定し、「老年期」をさらにくわしく論じたのが、エリクソンの妻のJ・M・エリクソン（一九〇二～一九九七）でした。彼女は、エリクソンが亡くなって三年後の一九九七年に出版された『ライフサイクル、その完結』（日本では二〇〇一年に、みすず書房から訳書が出た）の中で、八段階では不十分だとし、「ライフサイクルの第九段階」を書き加えたのです。

この「第九段階」に該当するのは、八〇代、九〇代の高齢者ですから、どのように大切にいたわっていても身体は弱り始め、かつてのような働きを見せなくなります。第八の段階から出没する絶望感は、第九の段階では、切っても切れない道連れとなり、身体能力の喪失をもたらすような緊急事態がいつやってくるか分からないという不安を打ち崩せません。では、どうやってそれに耐えるか。「基本的信頼感」とそれが生み出す「希望」という力が我々を支えてくれると、彼女は次のように書いています。

「九〇歳を超えても、これらのハードルや喪失を生き抜き、それに対応していかなければならないとしても、しかし、人には頼るべき確固とした足場がある。人生の出発点から我々は基本的信頼感という恵みを与えられているからである。それがなければ人生を生きることは不可能であり、それがあるからこそ我々は生き続けてこられたのである。この基本的信頼感は、生き続けていくための力として、希望というものを我々に付き添わせ、希望という当て木を我々に与えてきた。（略）もしあなたがまだ、生への願望や、さらなる恵みや光となるものへの希望に満ちているならば、あなたは生きる理由を持っている。もし老人が第九段階の人生に含まれる失調要素を甘受することができるならば、老年的超越に向かう道への前進に成功すると、私は確信する。」

老いの第九段階は、まだ上り坂が続きますが、絶望を乗り越え、生への願望と希望を失わなければ、一歩一歩長い坂を上り詰め、頂上にたどり着くことができます。彼女の表現によれば、「この険しい丘を上る道は、日の出と日没に出会うことのできる見通しの良い場所に向かう道」であり、そこにたどり着いた老人は、初めてすべての方向が見渡せる三六〇度の眺望を目にし、自分が来たところ、自分が行くところをはっきり見ることができるのです。その時の心境が、彼女の言う「老年的超越」だろうと、私は想像します。彼女によれば、人間のライフサイクルは、老いをもって完成するのであり、「老いるということは偉大な特権」なのです。

センテナリアンの教訓

世間の人は、まだ実体をよく知りませんから、八〇歳を超したと聞くと、すぐ〝よぼよぼの老人〟を連想しがちですが、それはとんでもない誤解です。地雷原を一応乗り越えて八〇代に到達した「新老人」たちは、すこぶる元気で、身体の一部に故障を抱えた人でも、まだ自由に動き回る力を持っています。問題は、それがいつまで続くかということです。最初のヤマは八五歳で、これを越えれば次のヤマは九〇歳、九五歳と、五年ごとにヤマが訪れます。これらのヤマを無事乗り越えた人だけが、センテナリアン（一〇〇歳以上）になれるのです。

七〇代を離れ、「第九段階」に入って一番困るのは、頼りになる健康情報が、これまでのように手に入らなくなったことです。高齢者向けの本を読んでも、そこにあるのは、五〇代、六〇代に関するものが中心で、中には七〇代に触れるものもありますが、八〇代、九〇代についてのくわしい情報は、ほとんど入っていません。原因は研究材料の不足ですが、八〇代、九〇代の研究者が少ないことも気になります。

アメリカで、『八十歳からの眺め』という本を出して評判になった女性文筆家マルコム・カウリー（一八九八～一九八九）は、次のように書いています。

「老年について、すでに書かれたものが数多いことは事実だが、老いを論じた筆者たちは、ざっと眺めた限りでは、その大部分が五十代終わり、あるいは六十代初めの〝少年少女〟たちである。少年少女は文学には詳しいかもしれないが、人生には必ずしも詳しくはない。だから、せっせと統計を集め、医学の資料を漁る人がいるかと思えば、カメラやテープレコーダーをひっさげて老人を追い詰める人もいる。年老いた老人の気持ちというものが、こういう人たちにはわからないし、また、わかる筈もないのだ。」

（邦訳名『八十路から眺めれば』小笠原豊樹訳・草思社）

彼女は、世にあふれる〝少年少女〟たちの文献を避け、八九歳で演奏会を開いたルビンスタイン、八八歳まで生きたサンタヤナ、「生涯三〇歳」を宣言して九一歳まで生きたピカソ、九〇代まで悠々と活躍したジョン・デューイやバートランド・ラッセルなどの例を、老いの模範としました。そして、こんな言葉を残しています。「老年は発見の時である。何の発見かと訊ねられたら、私はこう答えるのみだ。『何の発見かは自分で見とどけるのよ。でなければ発見とは言えないでしょう』」

私たちの場合も、八〇代、九〇代の老人の目を通して、人生周期の最後の段階を見つめ、理解することが必要で、著者が七五歳以下のときは、〝少年少女〟とまでは言いませんが、あまり信用できません。参考になるのは、八〇歳を超えて生き抜いた人たちです。平均寿命が三〇代だった江戸時代に、八五歳まで生きて『養生訓』を書いた貝原益軒が、その一例。『老いの泉』で、高齢者の「新しい可能性」を訴えたベティ・フリーダン、「老いの価値」を初めて認めた心理学者カール・ユングも、ともに八五歳まで生き、「第九段階」をライフサイクルに追加したジョーン・エリクソンは九五歳の長寿でした。

一〇〇歳以上のセンテナリアンの研究も参考になります。老人福祉法が制定された一九六三（昭和三八）年当時は、一五三人しか登録されていなかった日本の一〇〇歳以上が、二〇一一年には四万七七〇〇人を超え、なんと三一一倍にふくれあがりました。私の身辺でも、母方の叔父が百歳を過ぎてなお元気に暮らしており、昔は〝高根の花〟だったセンテナリアンが、今では身近な存在になりつつあります。また、センテナリアンの研究もさかんになって、アメリカでも、日本でも、多数の研究成果が発表されているので、勉強の材料に困ることはありません。そこでここでは、アメリカのニューイングランド・センテナリアン・スタディの共同所長であるトーマス・T・パールズ、マージェリー・H・シルバー両博士による『100万人100歳の長生き上手』（原題は『100歳まで生きる』日野原重明監訳・講談社）や、一九八九年に「全米一〇〇歳者問題プロジェクト」を発足させたボランティア活動家リン・ピータース・アドラーの『一〇〇年を生きる』（鳥飼玖美子訳・三田出版会）などを参考に、「百歳までの長寿を可能にした秘密」を洗い出してみましょう。

まず最初は、遺伝との関係。センテナリアンは長生きの家系からしか生まれないと、私たちは思い込んでいますが、これは間違いです。双子などの研究で調べたところ、人間が平均寿命まで生きるかどうかに遺伝が関与する割合は二五％前後で、毎日どんな暮らしをするかという生活習慣のほうが寿命を大きく左右するのです（劇的な実例が、長寿県沖縄にあります。九〇代やそれ以上の老世代は世界一の長寿を誇っているのに、五〇代より若い世代は徐々に肥満化して、心臓病やがんによる死亡が増え、総死亡率が全国平均より高くなってしまいました。平均寿命もどんどん下がっています。この世代の平均寿命の低下は、食生活が欧風化したのが主たる原因で、遺伝子とは関係ないことを示しています）。

では、どんなライフスタイルが長寿をもたらしたのでしょうか。食事が大きなウエイトを持つことは分かっていますが、センテナリアンの食生活は非常にまちまちで、その調査結果からは、なんの共通項も見いだせませんでした。また、自己申告による食生活調査では、一番知りたかった彼らの若い頃の食生活を十分究明することができず、結局、人間が百歳まで生きるための食生活の条件は特定されませんでした。

次に、重要な要因となるはずの学歴に関しても、センテナリアンの教育環境は全くバラバラで、そのほとんどは平均学歴が十年生（日本の高校一年にあたる）でした。これは、彼らが成長した時代の平均的教育水準ですから、学歴に長寿の秘密があったとは考えられません。

長寿の原因が、遺伝にも、食生活にも、学歴にもないとすれば、センテナリアンになるための秘密はどこに隠されているのでしょうか。センテナリアンをいろいろ調べているうちに、意外な事実が分かってきました。長寿に大きく貢献していると思われるセンテナリアンに共通の特徴が見つかったのです。それは身体的なものではなく、一般的に人柄と呼ばれているもの、もっと具体的に言えば、「明るく前向きな性格とやる気、それに楽観的な見方」という性格や心理面の特徴でした。

パールズ、シルバー両博士は、「長寿は、ストレスを免れた結果というより、ストレスに効率よく、効果的に対処した成果だといえる。センテナリアンの人柄が、さまざまな問題や損失、精神的動揺によって他の人々が長年にわたってこうむる心理的・身体的ダメージから、彼らを絶縁しているのかもしれない。センテナリアンは、これといった目的がなく、無気力で、独善的という定型化した高齢者像とはほど遠く、精神的に安定し、頭が柔らかく、順応性に富み、うつ状態に陥ることは滅多にない」と述べ、センテナリアンの強靭なストレス回復力と、前向きで楽天的な人柄を強調しています。

リン・ピータース・アドラーも、「楽天的で、興味のあることに打ち込み、活動的、活発で、喪失に適応できる性格だ」というセンテナリアンの特徴をあげ、「長寿の人に共通しているのは、独立独歩の性格である。彼らには、自己効力、自分が役に立つという自覚、自尊心をもって困難に挑戦しながら、あきらめずに生き抜いていく理由や勇気や意志を見つけることができる」と述べています。

日本では、沖縄の一〇〇歳長寿者を調査・研究した鈴木信の著書『百歳の科学』（新潮選書）と『データでみる百歳の科学』（大修館書店）が参考になりますが、ここでも「朗らか」で「明るい」性格と「やる気」が、長生きに絶対必要な条件とされています。彼の調査によれば、沖縄のセンテナリアンに一番多かったのは、「朗らか」（五六・三％）「明るい」（五〇％）「親しみやすい」（四八・九％）「交際が広い」（四〇・六％）「世話好き」（三七・五％）という同調性性格で、「几帳面」（四六・九％）「仕事熱心」「粘り強い」（四三・八％）という執着性性格がこれに次ぎました。一方、「あきやすい」「好き嫌いが多い」「大げさ」などの顕示性性格の割合は低く、「交際が狭い」「あいそがない」「気難しい」という内閉性性格は最も少なかったそうです。

鈴木は、沖縄のことわざ「チョウ、ククルデーイチ」（人は心こそ第一）を例に引いて、高齢者が生きがいを持って長生きをするためには、「やる気」が絶対必要だとし、「特に好奇心や創造の心をいつまでも持つことがやる気につながる。年をとっても、新しい何かをやろうというクリエイティブな気持ちを持ち続けることが必要である。

八〇歳、九〇歳、一〇〇歳になっても、やる気を持って生きればいつまでたっても若い。サムエル・ウルマンの詩にあるように、老化は心の持ち方次第で決まるのです」と解説しています。

センテナリアン調査で分かった「前向きな性格と明朗・楽天的な人柄が長寿をもたらす」という発見は、先にジョーン・エリクソンが「第九段階」の項で示した「九〇歳を超えても、人間には頼るべき確固とした足場がある。基本的信頼感に基づく希望が我々を助けてくれる」という記述を思い出させます。「第九段階」では、体力不安、健康不安が日常的なものとなり、人によっては、これに、身辺の孤独がもたらす寂しさや無力感、近寄る死への恐怖感、絶望感が加わることもあるでしょう。これを跳ね返して、前向きに生きるためには、どうしても生への「希望」の存在とその助けが不可欠であり、ジョーン夫人もその点を指摘したのだと思います。彼女によると、現に生きている人は、みな、「基本的信頼」を獲得して、ある程度まで「希望」という強さを持っているので、この「希望」の火を心の中で燃やせば、悲観を楽観に変え、前向きな「やる気」を育てて、困難なストレスに立ち向かうことが可能になるのです。

「年をとる技術とは、何かの希望を保つ技術である」(『人生をよりよく生きる技術』

中山真彦訳・講談社学術文庫）と、アンドレ・モーロワは喝破し、九九歳の長寿で亡くなった宇野千代（一八九七～一九九六）も、「上手に希望を発見する人は、生き方の上手な人である」という言葉を残しました（日野原重明・瀬戸内寂聴『いのち、生きる』光文社）。センテナリアンに共通している「前向きな性格と楽天的な人柄」も、もとをたどれば、彼らが心の中で持つ「希望」の火に突き当たるはずで、彼らこそ「希望を保つ技術」の名手といえるのではないでしょうか。

センテナリアンの研究で、私が一番教えられたのは、「長寿者の健康や寿命を左右しているのは、身体的条件ではない。その人の心の在り方という心理的なものが、長寿を可能にしている」ということでした。例えば、老化の程度は同じでも、「自分は健康である」と信じている人は、「自分はあまり健康ではない」と思っている人に比べて、死亡の危険度は半分以下になることが知られており、老いにとっては明らかに、主観的な健康が客観的な身体の健康より重要なのです。また、気の持ちようが、ボケや病気に関係することも明らかで、内向的で暗い人と楽天的な人とでは、病気のかかり方に大きな差が出ていました。

センテナリアンの多くは、いつも楽観的にものを考え、自分はまだ若いと信じることで「やる気」を出していました。そして、ユーモアを失わずに多くの人と付き合い、好きな趣味や遊びを交えて、毎日を楽しんでいました。絶えず活発に動き回っているのは、衰えない好奇心のせいで、彼らに死への恐怖心は、かけらもみられませんでした。センテナリアンになったばかりの日野原重明の言葉を借りれば、「スピリチュアルなエネルギーで体という器を満たし、いつも前向きに、胸を張って、幅広い足幅で歩き続けること」(『「新老人」を生きる』光文社)が、一〇〇歳長寿の秘訣ということなのでしょう。

有終の美を飾る

いかにエネルギッシュに動き回っていても、「ゴールデンタイム」は、いずれ終わりがきます。ここでは、「第九段階」の締めくくりとして、「人生の終わり方」を考えてみましょう。「サクセスフル・エイジング」のフィナーレはどうなるのでしょうか。

「晩年に入ったら、人間は死への道のりに慣れ、死を覚悟をもって迎えなければならない」と、アメリカの心理学者ダニエル・レビンソンは、ライフサイクルを論じた『人生の四季』の中で次のように書いています。「八〇歳過ぎともなれば、死が間近に迫っていることはわかっている。死は数ヵ月後に訪れるかもしれないが、二〇年後かもしれない。だが、死のすぐそばで、死の呼ぶ声がすぐ聞こえるところで生きている。前向きに生きていくには、いずれ死ぬことを黙って受け入れなければならない。霊魂の不滅を信じているなら、なんらかの来世を受け入れる心の準備が必要である。もし信じていないのなら、人類の運命に関心をもち、人類の進化という面から自分の永遠の生命に関心をもつだろう。生と死一般に、そしてとくに自分の生と死に新しい意味を与えるという点で、晩年期にも発達がある。まだ活力があれば、いつまでも社会生活を営み続けるだろう。知恵と人格の高潔さの点で他の手本となることもあるだろう。」

私の場合は前にも触れたように、「人間の死」について真剣に考え、準備しようと思ったのは、六〇代から七〇代にかけてでした。「老い」と「死」をテーマにした本をいろいろ手にしたあげく、七〇歳のとき「老年学」に出会い、目が開かれました。「老年学」には、死について学ぶ「死生学」（サナトロジー）という学問分野があり、哲学や宗教では解決がつかなかった「人間はなぜ死ぬのか」「死後の生はあるのか」という問題にも取り組むことができました（この間の詳細については、前著『老年学に学ぶ　サクセスフル・エイジングの秘密』（角川学芸出版）で書きましたので、ここでは省略します）。

しかし、こういった「死をどう受け入れるか」という原理的な問題は、八〇歳を超えると、次第に念頭から薄れていきます。一〇〇％の確率で迫っている「死」を、自然の経過と受け止め、それを「人生の一部」と理解すれば、残された問題は「いつ死ぬか」であって、それまでに「自分に何ができるか」「いかに人生を楽しむか」ということのほうが、最大の関心事なのです。そして、「あの世」や「来世」のことよりも、「どこで、どのように死ぬか」という「死に方の問題」のほうが現実味を帯びてきます。せっかく長生きしたのだから、いい死に方をして、人生とお別れしたい。寝たきりになって認知症にかかり、周囲にさんざん迷惑をかけたあげく、訳も分からずに死んでいく、というようなことだけは絶対に避けたいという思いが強いのです。

一例をあげましょう。作家の丹羽文雄（一九〇四〜二〇〇五）は、一〇〇歳まで生きましたが、関係者以外にあまり知る人はいませんでした。それは、彼が八一歳のときアルツハイマー病にかかり、死ぬまで一九年間も介護される生活を送ったからです。肉体的にはどこも悪いところはなく、「仏さまのように」おとなしい患者だったが、自分が小説家だったことはすっかり忘れており、妻と他人の見分けもつかなかったと、長女が著書で書いています（本田桂子『父・丹羽文雄介護の日々』中央公論社）。彼はその後病状が悪化し、自宅から特養老人ホームに移されて、結局最後は、自宅で息をひきとるのだが、長女のほうはその間の心労ですっかり参ってしまい、父親より先に亡くなってしまったそうです。これでは、本人がいくら長く生きても、幸福な生涯とはいえません。

人間は、どういう死に方をすれば、一番幸せなのでしょうか。小児科医で評論家の松田道雄（一九〇八～一九九八）は、亡くなる前年に出版した『安楽に死にたい』（岩波書店）の中で「死ねば呼吸がとまり心臓がはたらかなくなり、脳に血がまわらなくなって、意識がなくなります。この世に生まれる以前の状態にかえるのですから、それはこわくありません。こわいのは息をひきとる前に、病院でいろいろ苦しまなければならないことです。どうせ死ぬのなら楽に死にたい。痛みだの、息苦しさだの、動悸だのはごめんだ、安楽に死にたいと思うのです」と述べ、さらに「自然死」について触れて「病院で延命の集中治療なんかせずに、家で尊厳を失わず自然に死にたい」と書いています。この「安楽に死にたい」「自然に死にたい」という願いは、まさに「第九段階の人間」の気持ちを代弁したものといえるでしょう。

松田道雄の言う「安楽に、自然に死にたい」という言葉には、二つの意味が込められています。一つは、長患いして病苦にさいなまれるような死に方はしたくないという願いです。これは、「ピンピンと元気に老いて、寝付かずにコロリと死ぬ」という「ピンピンコロリ」願望の一つともいえますが、この死に方に最も近いのは、老衰のため体に限界が来て、徐々に食が細くなって、ついに眠るように静かに最期を迎える「老衰死」です。死因となる病名が特定されない「老衰死」は、いわば「自然死」と呼んでもよく、私たちにとって一番「望ましい死に方」なのです。

もう一つ重要な願いは、「病院で死にたくない。長年の本拠である自分の家で死にたい」ということです。彼が病院を忌避するのは、瀕死の患者をいたずらに延命して、死の苦しみを長引かせるからです。患者が最終段階を迎え、呼吸が苦しくなり、心臓がその働きを止めそうになると、集中治療室に入れて蘇生術を行い、人工呼吸器を装置して、むりやり延命するのです。延命といっても、もとに戻れるわけはありませんので、人工呼吸と人工栄養補給で昏睡状態を続けた挙句、いずれ力尽きます。結局、患者は隔離されたまま、ひとことも別れを告げることができず、寂しく死んでいくほかはありません。

「家族にかこまれ、見慣れた調度をながめ、好きな食べものをつくらせ、時には音楽をきき、時には絵をみ、若い日のアルバムをもってこさせ、いまわのきわには、肉親に後事をたのんで死んでいくのが、敗戦までのふつうの市民の死に方であった。死は厳粛な自分の営みであった。そんな死だけが尊厳死といえる。今はそんな風には死ねない」と、松田道雄は書いています。

「病院死」が自宅での「在宅死」を上回るようになったのは、一九七〇年代の後半で、現在では、死者の八〇％は「病院死」です（残り二〇％の内訳は、養護ホームでの死亡が七％、自宅での死亡はわずか一三％）。医療が進んだおかげで、自宅での大往生ができなくなったというのは、何という皮肉でしょうか。

「病院死」では、「自然死」も「尊厳死」も不可能です。病院というところは、病気を治す場所なので、「死に場所」には向いていないのです。私たちがもし「穏やかな自然死」を望むのなら、病院での延命治療を拒否し、最期の瞬間は自宅で迎えられるようにしなければなりません。そして、一番望ましいのは、自宅で誰かに看取られて死ぬことです。病院で死ぬときは、集中治療室に隔離されて、誰一人看取る人もなく、無機質な延命装置に囲まれての最期ですが、住み慣れた自宅で死ぬときは、愛する家族（家族がいない場合は、友人や近所の親しい人たち）が看取ってほしい。最後にひとこと、「ありがとう。いい人生だったよ」と、みんなにお礼を述べてお別れできれば、本人も満足ですし、遺された家族にとってもやさしい思い出になるでしょう。

九〇％の国民が「在宅死」を選ぶデンマークと異なり、在宅ケア・システムが手薄な日本での「在宅死」は、介護や医療などの面でいろいろな困難が伴いますが、九〇歳を超えて元気に生き抜く力を持った人ならば、あまり長期間の介護を心配する必要はなさそうです。九〇歳を超えた長寿の先輩たちの最期を調べてみると、そのほとんどが、病臥して半日や数日で亡くなった「きんさん」や「ぎんさん」のように、「ぽっくり死」しているからです。末期の終末臨床期間（ついの看取り期間）が極めて短かければ、一番心配な終末期のケアの問題も杞憂に終わります。

東大名誉教授黒木登志夫は、著書の『健康・老化・寿命』（中公新書）の中で「身の周りのことで世話になることもなく、美しいものに感動し、テレビドラマに笑い、涙し、人々から愛され、九〇歳以上生きる。そして、ある日肺炎になり、熱も出ないまま数日で苦しむこともなく眠るように死ぬ。家族に負担をかけることもなく、気がついたときにはすでに死んでいた。十分に歳をとっているので、天寿を全うしたとあきらめてくれる。できたら、そういう死に方をしたいものである」と書いていますが、これは、そういう超高齢者の「ぽっくり死」のことを指しているのでしょう。

黒木によると、九〇歳を超す高齢者になると、夜眠っている間にむせることもなく、唾液などの誤嚥が原因で肺炎になることがあるそうです。そういう場合、肺炎は熱が出ることもなく進行するので、本人は全く苦しむことなく、眠るように死んでいきます。また、生体反応が落ちている高齢者たちは、心筋梗塞や肺梗塞、心室細動による心臓停止などに襲われ、突然死することもありますが、いずれも痛みを伴わない、穏やかな死だそうです。こうした死は、老衰による衰えが全身に及んだ結果の〝自然崩壊〟のようなもので、「老衰死」の一種といえるでしょう。

日野原重明も、著書『老いと死の受容』（春秋社）の中で「若い人の死はいかにも無残である。しかし、老人の死、特に八〇歳以上の死は、静かな自然の死であるゆえに、強い悲しみはない。老人はまた、高齢になると、その死は苦しみが少なく、平和な死となる。これは老人の特権と言えよう」と述べています。

平穏に年を重ねた末に、やっと訪れる「老衰死」。その特徴は、燃え尽きたロウソクの灯が風もないのに「スーッ」と消えてゆくような穏やかな死です。この時、彼の生命の灯が消えたのです。「老衰の人は決して死ぬのではなく、生きるのをやめるのである」

（ショーペンハウエル）という表現が、まさにぴったりします。そこには、悔いも恨みも嘆きもなく、長い生涯を生き切ったという満足感さえ感じとることができるからです。

「終末期に死を迎えずにすむことはあり得ないと認めたうえで、私たちがやるべきことは何か」と前置きし、ベティ・フリーダンが述べた次の言葉を、私たち「第九段階」の人間は心して聞くべきでしょう（『老いの泉』下巻一七章「命ある限り生き抜く」から）。

「私たちがやるべきこと―私たちにできる唯一のことは、今その恐ろしい終末期のケアについてくよくよ思い悩んでむだな時をすごすのではなく、生きるかいのある人生を送るために必要な変革を行っていくことなのだ。それが健やかに年を重ね、死ぬまで生き生きとすごすことへの最高の保険なのである。」

サクセスフル・エイジングは、健康で生き生きと暮らす晩年をもたらし、幸せな健康長寿は、「安らかな死」を呼び込んでくれる。つまり、「よりよく老いる」ことは、「よりよい死」への第一歩なのであり、私たちは、決してその歩みを止めてはならないのです。

［補注］　長生きは経済的

一〇〇歳を過ぎても生きるようになると、医療費は一体どのくらいかかるのだろうか。素人考えでは、年をとればとるほど医療費もかさむと思いがちですが、それは間違い。ニューヨークに在住するエッセイスト植松忠夫が、著書『健康のためなら死んでもいい！』（ゾディアック叢書）の中で、アメリカ政府の国民健康保険財務局が一九九五年に発表した面白い「試算」を紹介しています。

この「試算」は、一〇一歳を過ぎても生き続ける老人にかかる健康保険の平均医療経費を計算したもので、総額は八三〇〇ドルとなりましたが、これは七〇歳で亡くなる老人の医療経費二二六〇〇ドルと比べ、格段と低い数字でした。つまり、病気になって早死にする人のほうが、健康で長生きする人よりも二・七倍も医療費がかかっていたのです。というのも、医療費が圧倒的にかかるのは、亡くなるまでの二年間で、最後は集中治療室でさまざまな延命治療を受けるため、これがものすごく高くつくのです。

それに比べると、一〇〇歳長寿者は老衰で亡くなるケースがほとんどなので、医療費はそれほどかからない。介護期間が短いから、介護の手間もかからず、延命治療もいらないからです。

また、香川靖雄『老化と生活習慣』（岩波書店）では、同じアメリカで、「生活習慣を改めて寿命を延長した人は、要介護期間は短縮し、医療費も安くなる」という疫学統計があることを紹介しています。これを発表したのは、スタンフォード大学医学部のJ・F・フリース教授で、一七四一人の高齢者について一四年間にわたって追跡調査し、その詳細な疫学統計をまとめたところ、「生活習慣が悪いか、中程度か、良いかで、生涯の要介護期間と医療費が決まる」という結果が導き出されたそうです。それによると、悪い生活習慣の人は、早期から介護を受けるようになり、傷病期間が長くなって医療費もかさみました。その反対に、生活習慣を改めて肥満、喫煙を避け、日常運動した人は、そうでない人に比べて、介護開始時期が約八年も遅れ、最終臥床期間も短くなりました。介護期間と最終臥床期間が短いということは、病んで寝ている時間が短いということで、長生きした人の方が寝込み時間は短く医療費も安くなるのです。

あとがき

平成二三年三月一一日に東北地方を襲った巨大な地震と津波は、損壊建物一〇六万八千戸、死者、行方不明者約二万人という未曽有の被害を出し、「戦後最大の国難」として、日本中をふるえあがらせましたが、そんな緊張感の中にあってただ一時だけ、表情がゆるみ、思わず喜びの声をあげたときがありました。それは地震発生から一〇日目の三月二〇日のこと、宮城県石巻市でつぶれた家屋のがれきの中から、八〇歳の女性と一六歳の孫の少年が九日ぶりに救助されたというニュースが流れたときでした。

新聞の報道によりますと、二人の住む木造二階建ての家は、津波でつぶされ、一〇〇メートルも押し流されました。そのとき二階の台所で食事中だった二人は、台所と天井との間にできたわずかな空間に逃げ込み、そこに閉じ込められてしまいました。倒れた冷蔵庫の中にあった水やヨーグルトで飢えをしのぎ、連日氷点下が続く寒さと、地獄のような暗闇と孤独の中で耐えること二一七時間。この日、少年はやっと屋根までたどりつくことができ、寒さにふるえながら手を振って、助けを求めました。

これを行方不明者捜索中の石巻署員が見つけ、約五〇分後に、二人はヘリコプターで吊り上げられ、救助されたというわけです。

少年が凍傷を負っている以外は二人とも元気で、この過酷な状況下で九日間も無事に生き延びたというのは、まさに奇跡に近いともいわれるのですが、私はとりわけ八〇歳の女性に注目します。若くて元気な孫に付き添われていたこと、冷蔵庫にあった水を補給できたこと、蒲団を見つけてそれを体に巻き、寒さをしのげたことなど、いい偶然が重なったことは確かですが、彼女が助かったのはそれだけではないはずです。彼女がもし「こんな目に遭うくらいなら、長生きするんじゃなかった」とか「これは長生きした罰だ。これで私はおしまいだ」とか、後ろ向きに考えていたら、生き抜くことはできなかったでしょう。それとは逆に、「こんなことで、死んではいられない。生き抜いて、みんなに苦労話を聞かせてやろう」とか「これは天が下された試練だ。運を信じて耐え抜こう」とか(そこまでは考えないにしても)、あくまでも希望を捨てず、じっとその時を待ち続けていたからこそ、厳しい環境に耐えられたのだと思います。

世間の人は、八〇歳という年齢を聞くと、すぐ〝よぼよぼの老人〟を連想してしまいますが、決してそんなことはありません。今の高齢社会では、八〇歳はまさに老年期の頂点、これから〝仕上げ〟に入る時期なのです。九死に一生を得た石巻市の女性には、幸運の女神もついているのですから、これからも頑張っていただいて、ぜひ百歳まで長生きしてほしい。

私は平成二〇年に、前著『老年学に学ぶ　サクセスフル・エイジングの秘密』を角川学芸出版から出版し、平成二一年、八〇歳になったときにこの本を書き始めたのですが、出来上がったときには八二歳の誕生日を過ぎていました。完成までに二年もかかったのは、八〇歳からの「生き方」を勉強するのに、案外苦労したからです。一〇〇歳長寿者の研究に比べて、八〇代・九〇代の超高齢者、ライフサイクルのいわゆる「第九段階」については、その実態研究が極めて遅れており、学問的には未開拓な〝フロンティア〟とされていました。ですから、「八〇歳になると、人間の体と脳はどうなるのか」とか「八〇代と七〇代とでは、どこがどう違うのか」とかいった疑問を解決するためには、八〇歳になった自分の体を実験台にするしかなく、自信を持って「こうなる」と書くまでに、それなりの時間がかかってしまったというわけです。

私は、自ら八〇代を経験することによって、「年をとれば、誰もが病み衰えて、役立たずの存在になる」という「老いの神話」が、全く事実に反した誤った思い込みであることを再確認し、私たちが「強くそれを望み、計画し、努力するならば、質の高い生き生きとした、病気と無縁の老後を送れる」こと（ジョン・W・ローウェ、ロバート・カーン『年齢の嘘』関根一彦訳・日経BP社）を、実証できると思いました。そして、八〇代・九〇代が、老年期の最後を飾る〝仕上げ〟の時期になると考え、この本の最終章の題名を「花開く老年期」としました。

前世紀ごろまでの長い間、老後の理想的生活は、煩わしい世間との交渉を断ち、できれば田舎に隠棲して悠々自適の生活を楽しむことでしたが、この本を読まれた方は、それがすっかり様変わりしてしまったことに気付かれるでしょう。最も大きな違いは、その「活動性・行動性」と「社会とのかかわり方」にあります。

今の一〇〇歳長寿者・センテナリアンを見れば分かるように、年をとって「幸せで健康な人」は、みな明るく前向きな性格の上に、活発に動き回る行動性を備えています。そういう行動性に欠けると、脳や筋肉の働きが衰え、とても長生きできないのです。「何もしないでボーッとしていること」は、昔は、立派な休養法の一つと考えられていましたが、今では、老化を促進させる〝悪しき習慣〟とされます。体の中で、たとえ九〇歳でも一〇〇歳でも、一生、〝現役〟で働けるのは、脳と筋肉だけですから、その脳と筋肉を鍛えて強くすれば、若さを保てること間違いなし。その逆に、脳と筋肉は使わないでいると、細胞が死滅して失われていきますから、老化はどんどん進んでしまうのです。

残り少ない余生なのだから、衰えていく体をいたわり、心身ともにラクをして暮らしたい、というのが、「人生五〇年時代」の〝夢〟でした。「人生九〇年時代」の今は違います。長い老後を健康で楽しむために、運動を絶やさず、活発な社会活動を繰り広げて、「脳と筋肉にラクをさせなかった」人だけが、健康長寿を手に入れるのです。

高齢者の社会とのかかわり方も、ずいぶん変わりました。昔は、定年退職が社会からの引退を意味し、老後の生活では、世間に煩わされない自由を求めたものですが、今では積極的に社会に入り込み、持てる時間をボランティア活動に捧げる高齢者が増えてきました。アメリカやイギリスなど欧米諸国の場合は特に顕著で、アメリカでは、人口二億四〇〇〇万人のうち三人に一人は、何らかのボランティア活動をしているそうです。ボランティア活動をすれば、人々に喜ばれて気持ちがよくなるだけでなく、他人のために尽くしたということで脳が活性化し、免疫力も向上するという研究結果も出ているくらいなので、人々は、社会のためというよりも、自分の楽しみや健康のためにボランティアをしているように思われます。

日本でも、昇地三郎、日野原重明といった一〇〇歳長寿者が、先頭に立ってボランティア活動を行っており、その影響は徐々に広がりつつあります。今回の東日本大震災でも、被災地の人々を助けようというボランティアの動きは、かつてないほどの高まりを見せました。「ボランティア活動が最高の生きがいになる」ことが、こうやって次第に明らかになれば、日本の高齢者の間でももっと追随者が出てくるのではないでしょうか。今の高齢者の多くは、介護されるのを待つだけの弱者ではありません。ボランティアで介護の手助けをするくらいの力は、みな持っているのです。

老化というのは、「自分は年とった」と思った時から始まる、というのは本当です。「もう年だから」と言っている人は、ほぼ例外なく外観が老けており、体調もよくないように見えます。原因は、その人が「自分は年をとった」と思い込んで運動量を減らしたため、筋肉が衰えて体の活力が低下、その結果、ますます自信を失って、さらに運動量が減るという悪循環に陥ったせいなのです。運動量が減れば、間違いなく健康状態は悪化し、高血圧、糖尿病、心臓病などを抱え込むことになるでしょう。そうなったら、老化のスピードはもう止められません。

この本では、第三章と第五章で、人間の意識や意志が体に影響して、老化のプロセスを左右している点を特にとり上げ、心の状態をプラスに変えることで、体の健康状態を保ち、老化に対抗できることを示しました。幸せな老後は、まず「希望」を持つことから始まります。「生きることへの希望」をバネにして、社会とかかわり、活動的で生き生きと暮らしたいという「意欲とバイタリティ」を燃えたたせましょう。そして、最後まで「やる気と好奇心」を失わず、晩年という未知の体験の世界に乗り出しましょう。こうして私たちが「終末期」に立ち向かうとき、残された時間は充実し、「かけがえのない楽しい時」（ベティ・フリーダン）に変貌するのです。

参考文献

（ここでは、文章を引用させていただいた文献のほかに、参考にさせていただいた文献も掲載しました）

阿久根英昭『足力』スキージャーナル、二〇〇五年
足立己幸、松下佳代ほか『65歳からの食卓』日本放送出版協会、二〇〇四年
ジェニファー・アッカーマン／鍛原多恵子訳『からだの一日』早川書房、二〇〇九年
リン・ピータース・アドラー／鳥飼玖美子訳『一〇〇年を生きる』三田出版会、一九九七年
アラン／神谷幹夫訳『幸福論』岩波文庫、一九九八年
有田秀穂『歩けば脳が活性化する』ワック、二〇〇九年
安保　徹『こうすれば病気は治る』新潮選書、二〇〇三年
生田　哲『よみがえる脳』ソフトバンククリエイティブ、二〇一〇年
井形慶子『仕事と年齢にとらわれないイギリスの豊かな常識』大和書房、二〇〇二年
石井直明『分子レベルで見る老化』講談社、二〇〇一年
石河利寛『スポーツと健康』岩波新書、一九七八年
石飛幸三『「平穏死」のすすめ』講談社、二〇一〇年
石原結實『病は脚から！』文藝春秋、二〇〇六年

磯　博康『長寿の法則』角川書店、二〇〇九年
伊東光晴［ほか］編『老いの発見1』岩波書店、一九八六年
井原康夫、荒井啓行『アルツハイマー病にならない！』朝日新聞社、二〇〇七年
稲垣元博『一〇〇歳までの上手な生きかた』角川書店、二〇〇二年
今堀和友『老化とは何か』岩波新書、一九九三年
上野千鶴子『老いる準備』学陽書房、二〇〇五年
上野千鶴子『おひとりさまの老後』法研、二〇〇七年
植松忠夫『健康のためなら死んでもいい！』ゾディアック叢書、二〇〇〇年
梅棹忠夫『わたしの生きがい論　人生に目的があるか』講談社、一九八一年
ダニエル・G・エイメン／早川直子訳『元気な脳をとりもどす』日本放送出版協会、二〇〇六年
E・H・エリクソン、J・M・エリクソン、H・Q・キヴニック／朝長正徳、朝長梨枝子訳『老年期』みすず書房、一九九〇年
E・H・エリクソン／村瀬孝雄、近藤邦夫訳『ライフサイクル、その完結』みすず書房、二〇〇一年
シンディ・エンジェル／羽田節子訳『動物たちの自然健康法』紀伊國屋書店、二〇〇三年
大島　清『大島清の「快老」学』麗澤大学出版会、二〇〇三年
スティーヴン・N・オースタッド／吉田利子訳『老化はなぜ起こるか』草思社、一九九九年
大友英一『ボケない生活』祥伝社、二〇〇四年

奥村　康『「まじめ」は寿命を縮める「不良」長寿のすすめ』宝島社新書、二〇〇九年
小澤　勲『認知症とは何か』岩波新書、二〇〇五年
小澤利男『老年医学と老年学　老・病・死を考える』ライフ・サイエンス、二〇〇九年
トム・カークウッド／小沢元彦訳『生命の持ち時間は決まっているのか』三交社、二〇〇二年
ジミー・カーター／山岡洋一訳『老年時代』日経ＢＰ社、一九九九年
貝原益軒／松田道雄責任編集『貝原益軒』（日本の名著14）中央公論社、一九八三年
貝原益軒／伊藤友信訳『養生訓』講談社、一九八二年
香川靖雄『生活習慣病を防ぐ』岩波新書、二〇〇〇年
香川靖雄『老化と生活習慣』岩波書店、二〇〇三年
ノーマン・カズンズ／松田銑訳『笑いと治癒力』岩波同時代ライブラリー、一九九六年
ノーマン・カズンズ／松田銑訳『生への意欲』岩波同時代ライブラリー、一九九六年
金子郁容『ボランティア　もうひとつの情報社会』岩波新書、一九九二年
金子隆一『不老不死』八幡書店、二〇〇六年
神谷美恵子『こころの旅』日本評論社、一九七四年
神谷美恵子『生きがいについて』みすず書房、一九八〇年
香山リカ『老後がこわい』講談社、二〇〇六年
軽部征夫『生命力！』三笠書房、二〇〇〇年

久保田競『脳を探検する』講談社、一九九八年
川島隆太『天才の創りかた』講談社インターナショナル、二〇〇四年
川島隆太『現代人のための脳鍛錬』文春新書、二〇〇七年
黒木登志夫『健康・老化・寿命』中公新書、二〇〇七年
小林　博『がんの予防』岩波新書、一九八九年
ジーン・D・コーエン／真野明裕訳『なぜあの人はかくも元気なのか？』光文社、二〇〇一年
ジーン・D・コーエン／野田一夫監訳『いくつになっても脳は若返る』ダイヤモンド社、二〇〇六年
エルコノン・ゴールドバーグ／藤井留美訳『老いて賢くなる脳』日本放送出版協会、二〇〇六年
近藤　誠『患者よ、がんと闘うな』文藝春秋、一九九六年
斉藤嘉美『日本人に多いガンから身を守る』ペガサス　二〇〇四年
斉藤弘子、マサミ・コバヤシ・ウィーズナー『老いを生きるためのヒント』ジャパン　タイムズ、一九九六年
佐江衆一『老い方の探求』新潮社、一九九六年
堺屋太一『世は自尊好縁』日本経済新聞社、一九九四年
佐藤琢磨『ポックリ死ぬためのコツ』アスペクト、二〇〇九年
佐藤富雄『百歳、百人、百様の知恵』実業之日本社、一九九六年
ゲイル・シーヒィ／田口佐紀子訳『ニュー・パッセージ　新たなる航路（下）』徳間書店、

一九九七年
柴田　博『元気に長生き元気に死のう』保健同人社、一九九四年
柴田　博『8割以上の老人は自立している！』ビジネス社、二〇〇二年
柴田　博『中高年健康常識を疑う』講談社、二〇〇三年
柴田　博『メタボ基準にだまされるな！』医学同人社、二〇一一年
品川嘉也、松田裕之『死の科学』光文社、一九九一年
マーシー・シャイモフ／茂木健一郎訳『「脳にいいこと」だけをやりなさい！』三笠書房、二〇〇八年
週刊朝日編『ひと、死に出あう』朝日選書、二〇〇〇年
昇地三郎『100歳時代を生きぬく力』東洋経済新報社、二〇一〇年
ショーペンハウアー／橋本文夫訳『幸福について』新潮文庫、一九九五年
鈴木　信『百歳の科学』新潮選書、一九八五年
鈴木　信『データでみる百歳の科学』大修館書店、二〇〇〇年
須貝佑一『ぼけの予防』岩波新書、二〇〇五年
杉　晴夫『筋肉はふしぎ』講談社ブルーバックス、二〇〇三年
デヴィッド・スノウドン／藤井留美訳『100歳の美しい脳』DHC、二〇〇四年
パット・セイン／木下康仁訳『老人の歴史』東洋書林、二〇〇九年
マーティン・セリグマン／山村宣子訳『オプティミストはなぜ成功するか』講談社、一九九一年

高木由臣『寿命論』ＮＨＫブックス、二〇〇九年
高田明和『脳を死ぬまで進化させる本』第三文明社、二〇〇二年
田上幹樹『生活習慣病を防ぐ七つの秘訣』ちくま新書、二〇〇一年
高見澤たか子『自立する老後のために』晶文社、一九九八年
田中尚喜『百歳まで歩く』幻冬舎、二〇〇六年
田中澄江『老いは迎え討て』青春出版社、一九九六年
田辺達三『血管の病気』岩波新書、一九九九年
ディーパック・チョプラ／沢田博、伊藤和子訳『チョプラ博士の老いない「奇跡」』講談社、二〇〇七年
坪田一男『長寿遺伝子を鍛える』新潮社、二〇〇八年
坪野吉孝『食べ物とがん予防』文春新書、二〇〇二年
ケン・ディヒトバルト／田名部昭、田辺ナナ子訳『エイジ・ウエーブ　二一世紀の高齢社会』創知社、一九九二年
ディレニー姉妹／片岡しのぶ訳『今日はもっと素敵な日』中経出版、一九九六年
ポール・トゥルニエ／山村嘉己訳『老いの意味』ヨルダン社、一九七五年
リチャード・ドーキンス／日高敏隆ほか訳『利己的な遺伝子』紀伊國屋書店、一九九一年
ウィリアム・H・トーマス／海輪由香子訳『大いなる存在』ハッピー・エルダー、二〇〇七年

朝長正徳『頭の老化を防ぐ本』光文社、一九八一年
中川恵一『死を忘れた日本人』朝日出版社、二〇一〇年
ベティ・ニッカーソン/海音融香訳『婆力』現代書館、一九九九年
額田　勲『がんとどう向き合うか』岩波新書、二〇〇七年
キャロライン・バード/西岡公、朽木ゆり子訳『エイジレス人間の時代』ABC出版、一九八五年
グレゴリー・バーンズ/野中香方子訳『脳が「生きがい」を感じるとき』日本放送出版協会、二〇〇六年
ジョージ・E・ヴァイラント/米田隆訳『50歳までに「生き生きした老い」を準備する』ファーストプレス、二〇〇八年
ジョーン・ヴァーニカス/白崎修一訳『宇宙飛行士は早く老ける?』朝日選書、二〇〇六年
マイケル・ハッチソン/佐田弘幸ほか訳『メガブレイン　脳の科学的鍛え方』総合法令出版、二〇〇〇年
トーマス・T・パールズ、マージェリー・H・シルバー/日野原重明監訳、大地舜訳『100万人100歳の長生き上手』講談社、二〇〇二年
早川一光『老い方練習帳』角川書店、二〇〇三年
林　泰史『老いない技術』祥伝社新書、二〇〇八年
樋口恵子『私の老い構え』文化出版局、二〇〇八年

久恒辰博『脳が喜ぶ生き方』講談社、二〇〇八年
日野原重明『老いと死の受容』春秋社、一九八七年
日野原重明『「新老人」を生きる』光文社、二〇〇一年
日野原重明『人生百年　私の工夫』幻冬舎、二〇〇二年
日野原重明『生きるのが楽しくなる15の習慣』講談社、二〇〇二年
日野原重明『一〇〇歳になるための一〇〇の方法』文芸春秋、二〇〇四年
日野原重明・瀬戸内寂聴『いのち、生ききる』光文社、二〇〇二年
広井良典『遺伝子の技術、遺伝子の思想』中公新書、一九九六年
ヴィンセント・フォーテネイス／東郷えりか訳『認知症にならないための決定的予防法』河出書房新社、二〇一〇年
藤田紘一郎『「不老」の免疫学』講談社、二〇〇八年
ベティ・フリーダン／山本博子、寺沢恵美子訳『老いの泉　上・下』西村書店、一九九五年
レオナード・ヘイフリック／今西二郎、穂北久美子訳『人はなぜ老いるのか—老化の生物学』三田出版会、一九九六年
シモーヌ・ド・ボーヴォワール／朝吹三吉訳『老い　上・下』人文書院、一九七二年
ハーバート・ベンソン、マーグ・スターク／上野圭一監訳『リメンバー・ウエルネス』翔泳社、一九九七年

本田桂子『父・丹羽文雄介護の日々』中央公論社、一九九七年
モーリス・マスキノ／高野優訳『老いてこそ』原書房、二〇〇二年
フレディ松川『一〇〇〇〇日の生き方』集英社、二〇〇八年
フレディ松川『絶対ボケない生活』廣済堂出版、二〇〇九年
松沢大樹『こころと脳の革命』徳間書店　一九九九年
松田道雄『安楽に死にたい』岩波書店、一九九七年
松本　元『愛は脳を活性化する』岩波書店、一九九六年
丸元康生『現代病に克つ』レッツ　リブ　ジャパン、一九八九年
見田宗助『現代の生きがい』日経新書、一九七〇年
三津田富左子『五〇歳からの満足生活』二〇〇八年、三笠書房
南　博『「老い知らずに」生きる知恵』講談社、一九九五年
南　博『老いに打ち克つ50章』講談社、一九九七年
宮下充正『スポーツと健康』—東京大学公開講座「健康と生活」東京大学出版会、一九九一年
村上和雄『生命の暗号』サンマーク出版、一九九七年
村上和雄『遺伝子オンで生きる』サンマーク出版　、二〇〇四年
ジョン・メディナ／小野木明恵訳『ブレイン・ルール　脳の力を１００％活用する』日本放送出版協会、二〇〇九年

アンドレ・モーロワ／中山真彦訳『人生をよりよく生きる技術』講談社学術文庫、一九九〇年
茂木健一郎『感動する脳』ＰＨＰ研究所、二〇〇七年
茂木健一郎『脳を活かす生活術』ＰＨＰ研究所、二〇〇九年
森谷敏夫『メタボにならない脳のつくり方』扶桑社新書、二〇〇八年
リータ・レーヴィ・モンタルチーニ／斉藤ゆかり訳『老後も進化する脳』朝日新聞出版二〇〇九年
山本思外里『老年学に学ぶ　サクセスフル・エイジングの秘密』角川学芸出版、二〇〇八年
矢沢サイエンスオフィス編『ガンのすべてがわかる本』学習研究社、二〇〇一年
家森幸男『ついに突きとめた究極の長寿食』洋泉社新書、二〇〇三年
吉川政己『老いと健康』岩波新書、一九九〇年
吉田春樹『老老介護』ＰＨＰ研究所、二〇〇八年
吉本隆明『老いの超え方』朝日新聞社、二〇〇六年
バートランド・ラッセル／安藤貞雄訳『ラッセル幸福論』岩波文庫、一九九一年
レベッカ・ラップ／渡会和子訳『脳みそゼミナール』原書房、一九九八年
エレン・ランガー／桜田直美訳『「老い」に負けない生き方』アスペクト、二〇一一年
ブルース・リプトン／西尾香苗訳『思考のすごい力　心はいかにして細胞をコントロールするか』ＰＨＰ研究所、二〇〇九年
ジョゼフ・ルドゥー／谷垣暁美訳『シナプスが人格をつくる』みすず書房、二〇〇四年

ジョン・J・レイティ／野中香方子訳『脳を鍛えるには運動しかない』NHK出版、二〇〇九年
ジョン・J・レイティ／堀千恵子訳『脳のはたらきのすべてがわかる本』角川書店、二〇〇二年
リチャード・レスタック／青木哉恵訳『脳トレ』アスペクト、二〇〇三年
エレノア・レビー、トム・モンテ／佐藤達雄監修、小葉香訳『免疫バイブル　病気を防ぐ一〇ヵ条』
WAVE出版、一九九八年
ダニエル・レビンソン／南博訳『ライフサイクルの心理学上・下』講談社学術文庫、一九九二年
カール・R・ロジャーズ／畠瀬直子 監訳『人間尊重の心理学』創元社、一九八四年
エリザベス・キューブラー・ロス／上野圭一訳『ライフ・レッスン』角川書店、二〇〇一年
ジョン・W・ローウェ、ロバート・カーン／関根一彦訳『年齢の嘘』日経BP社、二〇〇〇年
ジョン・ロビンズ／高橋則明訳『一〇〇歳まで元気に生きる!』アスペクト、二〇〇六年
アンドルー・ワイル／上野圭一訳『癒す心治る力』角川書店、一九九五年
和田秀樹『わがまま老後のすすめ』ちくま新書、一九九九年

■ 著者略歴

山本　思外里（やまもと　しげり）

1929 年旧満州撫順市に生まれる。東京大学文学部西洋史学科卒業。読売新聞社に入社し、社会部長、婦人部長、読売文化センター委員会事務局長などを歴任、1980 年から同社のカルチャー事業を担当した。読売文化センター取締役、読売・日本テレビ文化センター社長などを経て、2001 年より全国民間カルチャー事業協議会顧問。
著書に、『大人たちの学校　生涯学習を愉しむ』（中公新書）、『生涯学習プログラムの開発』（共著·ぎょうせい）、『老年学に学ぶ　サクセスフル·エイジングの秘密』（角川学芸出版）など。

よりよく老いる技術

ー体験者から学ぶ　老年学長寿法ー

2012年4月1日　初版発行
2017年10月20日　第2刷発行

著　者　　山　本　思外里

発行者　　髙　本　哲　史

発行所　　株式会社　社会保険出版社
〒101-0064　東京都千代田区猿楽町1-5-18
電話（03）3291-9841（代表）振替00180-8-2061

［大阪支局］　〒541-0059　大阪市中央区博労町4-7-5
電話（06）6245-0806

［九州支局］　〒812-0011　福岡市博多区博多駅前3-27-24
電話（092）413-7407

印刷／製本　株式会社　平河工業社

定価はカバーに表示してあります。
落丁、乱丁のある本はおとりかえいたします。

ISBN978-4-7846-0253-7